Confesiones
DE UNA MUJER POSITIVA

LOS SECRETOS PARA SANAR TU VIDA DEL DOLOR Y EXPERIMENTAR **LA FELICIDAD PLENA**

REBECA SEGEBRE

Confesiones
DE UNA MUJER POSITIVA

LOS SECRETOS PARA SANAR TU VIDA DEL DOLOR Y EXPERIMENTAR **LA FELICIDAD PLENA**

Rebeca Segebre

Güipil PRESS

Güipil PRESS

Publicado por
Güipil Press
Miami, FL 33021
Derechos Reservados

Esta publicación contiene las opiniones e ideas de su autor. Su objetivo es proporcionar material informativo y útil sobre los temas tratados en la publicación. Se vende con el entendimiento de que el autor y el editor no están involucrados en la prestación de servicios financieros, de salud o cualquier otro tipo de servicios personales y profesionales en el libro. El lector debe consultar a su consejero personal u otro profesional competente antes de adoptar cualquiera de las sugerencias de este libro o extraer deducciones de ella. El autor y el editor expresamente niegan toda responsabilidad por cualquier efecto, pérdida o riesgo, personal o de otro tipo, que se incurre como consecuencia, directa o indirectamente, del uso y aplicación de cualquiera de los contenidos de este libro.

Güipil Press primera edición 2017

Edición: Güipil Press
www.GuipilPress.com
Diseño / diagramación de la portada e interior: Victor Aparicio / Victor911.com
Fotografía de la portada: Victor Aparicio / Victor911.com
Producto: 495724-02
ISBN: 978-0-9992367-1-0
Impreso en Colombia
Printed in Colombia

Categoría: Crecimiento Personal / Auto-Ayuda / Vida Práctica / Inspiración
Category: Personal Growth / Self-Help / Practical Living / Inspiration

Para información sobre descuentos especiales para distribuidores pongase en contacto con el departamento de ventas de Güipil Press a: 305-790-6338

Elogios para «Confesiones de una mujer positiva»

«Gracias a Rebeca por tan buena información. Estoy aprendiendo a conectarme con mi cuerpo, lo que me está tratando de decir y mis emociones. Estoy sanando de las heridas del alma». - **Kathy**

«Rebeca nos dice las cosas que YA deberíamos saber. Me ayuda muchísimo. Pone los problemas de la vida en perspectiva con una verdadera solución y sin frustración" - **Luisa**

«Me encanta como Rebeca incorpora la sabiduría de los antiguos, incluyendo las sagradas escrituras, trayendo a nuestro tiempo presente lo que significa vivir vidas más conscientes y positivas al máximo al tiempo que sanamos el dolor» - **Raquel**

«Por dirigir un grupo de mujeres me interesó este tema y la verdad que ha sido de mucha ayuda y bendición el incorporar los ejercicios a mi grupo semanal. Ha sido muy práctico y muy efectivo en nuestro entorno» - **Jenny**

«La sensibilidad spiritual de Rebeca y su conocimiento científico y teológico, al igual de tener una experiencia humana muy diversa, realmente llena el vacío que a veces deja la religión u otras doctrinas. Rebeca nos dice cómo sanar el dolor al recorrer el camino de la vida con fe y felicidad: la vida plena» - **Linda**

Dedicatoria

A mi hija Julia Amanda:
Que la certeza del amor de Dios sea siempre lo supremo en ti, de tal manera que puedas siempre escoger una actitud positiva.

A mi madre Carmen Edith:
Una mujer que sabe lo que es ser huérfana y viuda y, por lo tanto, ha aprendido a vivir con actitud positiva en Dios.

A ti mujer,
que buscas ser siempre positiva.

REBECA SEGEBRE

GüipilPress.com
Miami - Florida

Agradecimientos

Agradezco a Dios
por darme la oportunidad
de colocar en un libro mis experiencias con Él.

Contenido

Introducción

Tengo que comenzar este libro con mi primera confesión: «no nací con la tendencia natural a ser positiva. Me cuesta mucho escoger ser positiva. He estudiado muchísimo sobre la felicidad, la vida plena, el bienestar y he encontrado cosas prácticas que puedo hacer para ayudarme a tomar una buena decisión. Por eso creo que soy la persona perfecta para escribir sobre ello: si yo puedo, tu puedes.».

POR QUÉ ESCRIBÍ ESTE LIBRO

A decir verdad, he estado desesperada. Lo he estado muchas veces y por muchas razones. Por eso, te quiero confesar mis desesperanzas, porque sé que te podrás identificar con unas cuantas de ellas.

Sé que la mayoría de las mujeres hoy en día desean una relación significativa con sus esposos, sus hijos, consigo mismas y con Dios. Aun así, no es fácil encontrar un manual que nos enseñe cómo debe vivir una mujer. Aunque cada persona es única, como mujeres sabemos que nuestras necesidades se asemejan muchísimo.

No obstante, a este libro decidí llamarle Confesiones de una mujer positiva, porque creo que ya es hora de llegar a ser más que las víctimas de las circunstancias, los monstruos en que nos convirtieron las otras personas o las muñecas Barbie en las que nos transformamos para que ninguno se nos resista.

Todas estas cosas dejan a la mujer sin fuerza, poder y creatividad. Además, su valor queda ligado a la opinión y el comportamiento de otra persona, no solo de cualquier persona, sino a una que no ha sido buena. La mayoría de nosotros experimentamos algún nivel de estrés, por lo general, en forma de las emociones negativas más comunes como frustración, preocupación o enojo. Y aún más, a todos nos llega un día en el que atravesamos por un dolor profundo o aún otros, venimos cargando con una herida en el alma por muchos años.

EL DOLOR NOS PUEDE LLEVAR A AFERRARNOS A MUCHOS MALES TALES COMO:

• **La auto condenación:** No creernos merecedores de algo bueno y auto castigarnos haciéndonos sentir infelices hoy, en el presente.

• **El pesar y el lamento:** A vivir en el pasado. Arrastrar el peso del pasado con nosotros donde quiera que vamos. No vivir plenamente las bendiciones de nuestro presente.

• **El temor:** Cuando el miedo nos paraliza ante la toma de decisiones cruciales en las encrucijadas de la vida haciéndonos sentir cobardes hacia la vida. Estamos afectando negativamente nuestro futuro.

En este libro aprenderás a sanar el dolor de los traumas, la ansiedad y te da un plan de acción para reinventar tu felicidad en el tiempo más corto posible, utilizando como terapias los ejercicios de cada capítulo. Leyendo un capítulo en 15 minutos o menos te daré el secreto que he aprendido para cambiar tu estado de ánimo y sentirte más positiva y feliz.

En este libro, no te voy a pedir que vayas a tu niñez y busques lo que te sucedió para dejarte amargada y destruida. Tampoco te pediré que descubras el motivo por el que tienes una raíz de amargura que envenena todo lo que haces. Mi libro te dirá que dejes el pasado atrás y comiences a amar. Comienza a amarte a ti misma y así podrás amar profundamente a los que te rodean.

Que salgas de ese encierro que tienes al mirar únicamente al pasado. Que dejes de enfocarte en el pasado y en tu dolor. Entonces, verás cómo el amor de Dios te inunda el corazón y, después, fluye por tus manos mientras tocas con acciones a los que necesitan de ti. Dios es amor y su primer mandamiento es también el amor hacia ti y a los demás.

Hoy en día, el desamor se manifiesta a menudo en la violencia doméstica y abuso en el seno de la familia. Y sí, este es uno de los problemas con los que hay que lidiar debido a su importancia. Con todo, debemos tener cuidado de que no busquemos razones secretas a fin de sentirnos víctimas y permanecer como tales para evadir nuestra responsabilidad de buscar nuestra felicidad, bienestar, prosperidad y vivir con gallardía.

Por eso, no les enseñó a las mujeres cómo desprenderse simplemente de sus verdugos de manera física, sino que les instruyó para que aprendan a amarse a sí mismas y que su pasado no se convierta en un eterno verdugo que les arrebata la vida plena hoy. Me gustaría también aclarar que la premisa de este libro no es la confesión de mis desesperanzas porque piense que las mujeres somos todas iguales y que en nosotras radica el único problema de la sociedad.

[Escribí este libro porque quiero ser un ejemplo de lo que sucede cuando asumimos la responsabilidad y «confesamos» con valentía lo que hicimos mal.]

Tampoco pienso, por ejemplo, que ni siquiera en mi pasado matrimonio que terminó en divorcio, yo tenía toda la culpa de cada uno de nuestros problemas. Escribí este libro porque quiero ser un ejemplo de lo que sucede cuando asumimos la responsabilidad y «confesamos» con valentía lo que hicimos mal sin culpar a otros por lo que nos corresponde. Esta es la parte obvia que nos da el título, pero este libro no se queda solo allí.

Además de confesar mis desesperanzas, mi propósito es ir más allá y tomar el poder de la fuerza que trae cuando se aprende a «confesar» la verdad. Es decir, hacer tuyas las Afirmaciones Divinas: las cosas que Dios dice de mí, espera de mí y me ayuda a ser. Las puedes leer todas en la última parte de este libro.

Lo que se debe esperar de este libro

¿Qué pasaría si las primeras palabras a una persona después de comenzar un nuevo proyecto, casarse o tener su primer hijo, fueran: «Ahora, espera problemas»? No sería toda la verdad, aunque sería parte de la verdad. De seguro, esto no representaría una exageración ni un producto del negativismo.

Aun en las etapas más frondosas de la vida llegan momentos de decepción, ocurren eventos contrarios y tenemos que lidiar con sentimientos negativos. En los momentos de desesperación, nuestra decisión de reaccionar está ligada a lo que guardamos en ese momento como tesoro en el corazón y lo que hasta ese momento entendemos sobre quiénes somos, más allá de la mente y el corazón. Por lo tanto, cuando las circunstancias de la vida llegan, tengamos cuidado porque tienen el potencial de hacernos dudar del amor de Dios.

Este es también el momento de mirar a nuestro interior y afrontar esas sospechas que hay en el corazón, a fin de destruirlas con la verdad que nos muestra la Palabra de Dios. Por esto les llamo Afirmaciones Divinas.

Practicar el meditar en las afirmaciones divinas y la actitud positiva, de la manera que te enseñaré en este libro, te ayudará a eliminar la frustración que traen los traumas y la ansiedad sin agregarte dolor. Esto es debido a que la actitud positiva reduce el estrés, la ansiedad y la reactividad negativa.

Conseguirás aumentar el control al reaccionar ante los acontecimientos diarios, dándonos claridad y creando un estado de ánimo positivo. Gozaras de salud, creatividad y productividad rápidamente y sin los riesgos que traen los medicamentos asociados a la cura de la ansiedad y el estrés.

PARA QUIÉN ES ESTE LIBRO

Sin duda, las mujeres que lean este libro se sentirán que no están solas y que las circunstancias no tienen que dejarlas desesperadas, pero sí empoderadas para decidir por una actitud positiva. Este libro es para la mujer que desea de Dios su compañía, su consuelo, su respuesta, su revelación, su liberación, de tal manera que sea capaz de reverdecer y dar fruto.

> Este libro es un clásico y material de referencia para toda persona que quiera vivir una vida plena y abundante.

Este libro es un clásico y material de referencia para cada cristiano que quiera vivir una vida plena y abundante... La vida que Dios nos promete, aun en medio de los problemas.

A todos los que se lamentan en Israel les dará una corona de belleza en lugar de cenizas, una gozosa bendición en lugar de luto, una festiva alabanza en lugar de desesperación. Ellos, en su justicia, serán como grandes robles que el SEÑOR ha plantado para su propia gloria.

ISAÍAS 61:3

EN RESUMEN...

Por último, me gustaría aclarar que creo en la restauración personal porque Dios restauró mi vida y, por su gracia, he podido ver su amor.

Este hecho, me hace deudora de su gracia y por su gracia soy y hago lo que hago.

Le doy gracias a Cristo Jesús nuestro Señor, quien me ha dado fuerzas para llevar a cabo su obra. [...] La siguiente declaración es digna de confianza, y todos deberían aceptarla: «Cristo Jesús vino al mundo para salvar a los pecadores», de los cuales yo soy el peor de todos. Pero Dios tuvo misericordia de mí, para que Cristo Jesús me usara como principal ejemplo de su gran paciencia con aun los peores pecadores.

De esa manera, otros se darán cuenta de que también pueden creer en él y recibir la vida eterna. ¡Que todo el honor y toda la gloria sean para Dios por siempre y para siempre! Él es el Rey eterno, el invisible que nunca muere; solamente él es Dios. Amén.

1 TIMOTEO 1:12, 15-17

1
MI AMOR PROPIO QUEDÓ HERIDO
Y SE ENFERMÓ CON DESALIENTO

Confieso que muchas veces el desaliento
ha sido uno de los sentimientos más frustrantes.

Cuando hay desánimo y cansancio ante las circunstancias de la vida, sentimos la impotencia de nuestra humanidad con mayor fuerza. He aprendido que en esos momentos es propicio escoger una actitud positiva. Esto es un gran acierto a la hora de enfrentar cualquier emoción negativa, dejar de habitar en esos sentimientos y mirar hacia el futuro con esperanza.

En los momentos que tu amor propio parece quedar herido, el desaliento llega como un resfriado. Si le permitimos quedarse mucho tiempo nos podemos enfermar de pulmonía. Pero, ¿Cómo sucede esto? Un pensamiento negativo llega a tu mente, acerca de ti misma, de tu valor, de tu derecho a existir en algunos casos. Estos pensamientos pueden llegar como productos de comentarios de otros que les permitimos que nos aplasten sin defendernos apropiadamente. Cuando hablo de defendernos no hablo de contestarle a la persona como se merece, más bien hablo de cómo hablarnos a nosotras mismas y como protegernos el alma y las emociones para que no se contaminen con el comentario o ataque que experimentas.

En el pasado, creía que mi vida era un circulo que se dividía por mis roles. No era nadie o por lo menos no estaba completa, si uno de mis roles dejara de existir. Es por eso que permití malos tratos de un esposo cruel, un jefe necio, un amigo machista o de cualquiera que pudiera desmoronar mi círculo con su ausencia.

Hoy entiendo que mi vida es un círculo completo en si mismo. Yo soy como un árbol plantado, ocupo un espacio porque el Ser Supremo, el creador del universo y mío propio, me planto aquí, en este espacio y este tiempo. No me pueden hacer desaparecer, no pueden pasar por encima de mí. Simplemente existo y merezco ser respetada.

Es en estos instantes en los que nuestro amor propio quedó herido, que debemos recordar que tenemos un propósito específico por el cual fuimos plantados aquí hoy. Cuando experimento este tipo de decaimiento, yo me dedico a leer lo que he escrito en mi agenda de sueños, lo que aún estoy esperando ver germinar en esta tierra, como fruto de mis esfuerzos y oración.

Leo y escucho de nuevo las palabras que Dios me ha dado y susurrado al oído. Así que, no debemos volver la vista atrás a las razones del desaliento, sino que es el tiempo de mirar los sueños que Dios ha plantado en nuestro corazón y le ha comenzado a dar forma en nuestra vida.

Escoger tener una actitud positiva no significa que ya no te interesa tu dolor, pero que decides que no quieres quedarte habitando en la pena.

No es que no veas o que no te interesa tu necesidad del momento, pero que no le permitirás a tu mente que te mantenga viviendo en la escasez. Aún te interesan tus problemas, pero no permites que estos te lleven a vivir en la miseria.

En otras palabras, una persona con actitud positiva, no se queda solo lamentándose porque quiere escuchar acerca de sus propias penas, sino que desea cambiar su situación para su propio beneficio con la ayuda de Dios.

Ahora entiendo que me hago un grave daño cuando consiento que las circunstancias me dejen en el desaliento. Asimismo, no me hago ningún bien cuando permito que mi gozo se vea en decadencia debido a que lo que espero de otra persona me desalienta hasta perder las fuerzas.

¿No eres tu dueña de tu propio gozo? ¿Por qué permites que cualquiera te lo robe con cualquier comentario?

Nuestra actitud es lo único que podemos controlar. Al tomar una decisión de tener una actitud positiva frente a las circunstancias de la vida, podemos lograr mucho más de lo que pudiéramos pedir o incluso imaginar posible en el momento.

Es más, si ponemos nuestras esperanzas en nuestro circulo de roles, esto es, en nuestros esposos, jefes, hijos, o en cualquier otra persona, vamos a desfallecer porque todo lo que verás son sus propias flaquezas e incapacidad.

La actitud positiva mueve nuestro enfoque y hace que este vuelva a lo posible en ti con la ayuda de Él, el gran Yo Soy.

Por lo tanto, la respuesta a tus desalientos y a tu amor propio herido está en poner de nuevo tu esperanza en tu capacidad de triunfar primero sobre ti misma y luego sobre las circunstancias, todo esto con la ayuda de Dios:

> *¿Por qué estoy desanimado?*
> *¿Por qué está tan triste mi corazón?*
> *¡Pondré mi esperanza en Dios!*
>
> SALMO 42:11

Medítalo...

Renuncia a la tendencia de vivir manejada por los sentimientos de desaliento, escoge una actitud positiva y serás libre para vivir una vida con esperanza en el futuro exquisitamente preparado para ti por el mismo Dios que te creó.

Mis confesiones...

_____

_____

_____

_____

_____

_____

_____

_____

_____

_____

_____

PIENSA
Y PRACTICA
EL AMOR

Piensa en lo que te define en términos positivos y reales: Piensa que Dios te ama, que su amor te envuelve y con ese mismo amor puedes envolver a los tuyos, a tu comunidad y al mundo que te rodea. El Amor de Dios te define. Eres un ser amado y aceptado en Dios.

Afirmación divina:
Repite: "Yo soy un ser amado y aceptado en Dios. Yo amo a los míos, mi comunidad y el mundo con el amor que procede de Dios. Yo practico el amor."

PARA COLOREAR:

2

MI PREDICACIÓN SE VOLVIÓ HASTÍO

Confieso que muchas veces ha sido más fácil
predicarle a otro lo que necesita hacer que aplicarlo
yo a mi propia vida.

Esta destreza es evidente cuando se trata de «instruir» a mis hijos. Claro, que a eso le llamo ser «madre responsable». Siempre estoy dispuesta a dar una palabra de ayuda eficaz y habilidosa para cambiar el comportamiento de mis hijos.

Si fuera a ser sincera conmigo misma, hay cambios que les pido a ellos que yo no sería capaz de realizar. Por supuesto, ellos no se dan cuenta... todavía. Lo mismo podemos hacer con nuestros esposos y con nuestros empleados en una menor proporción.

La exhortación diaria a nuestros hijos parece que es una tendencia femenina latina. La medicina que Dios me ha dado contra ese mal se llama «colirio». Solo tengo que echarme unas gotas en los ojos para darme cuenta que tengo que mirarme primero yo, curarme yo y analizarme yo en la esfera que le voy a pedir cambio a los que están a mi alrededor.

UNA ACTITUD POSITIVA ES:

• **No ser juzgona.** escoger el no juzgar a los demás tan drásticamente. −Es un principio fundamental: no juzgar para no ser juzgados. ¡Si yo sé que de vez en cuando nos metemos en la vida de los otros y damos nuestra opinión!, pero no en frente de ellos (aunque está mal). Yo me refiero a literalmente decirle todo lo que opinas a un hijo, un esposo, un trabajador y no darle una salida con un juicio drástico y sentenciaste.

23

• **Decirle No al pesimismo.** No seas una madre pesimista, una esposa pesimista, una amiga pesimista. ¿Porque escoger siempre ver lo negativo o esperar que algo malo va a suceder? Pensar en lo que es posible.

En lugar de encontrar solo fallas en las personas cercanas a ti. Por ejemplo, si tu hijo te ayuda pero no la hace de manera perfecta, piensa en lo que es posible: me podría ayudar en un momento de necesidad, si le doy tiempo se podría convertir en mi ayudante, trabajar en la empresa, ayudarme con el día a día. etc.... Agradecer crea conexiones positivas con las personas y son un descanso si tienes la tendencia a la exhortación diaria. En otra oportunidad compartiré sobre los beneficios de tener una agenda de gratitud.

• **Observa tus reacciones.** Una actitud positiva implica escoger dejar de sentirse víctima a explorar posibles soluciones. Observa tus reacciones cuando te ves quejándote y si los sentimientos son muy negativos, decide enfrentar la situación directamente en lugar de ponerte pesimista, negativa o deprimida.

Hace poco hice un video en el que le contaba a mi gente en Facebook que a todos nos llega esos momentos y que llorar no es una mala acción. De verdad ayuda, pero si lo haces con una actitud positiva. Llorar con una actitud positiva es pensar: las lágrimas me están limpiando de estas emociones negativas y luego cuando ya terminas de llorar, no vuelvas a pensar en el problema, solo en la solución.

• **No te juzgues a ti misma tan drásticamente.** Si leíste el punto anterior y te sentiste culpable, este punto que estás leyendo es para ti. No te digas a ti misma que eres un caso perdido. Tú puedes cambiar tu actitud. Escoger una actitud positiva cambiara tu vida.

Una actitud positiva cuando se es mamá de niños en edad escolar:

Cuando uno es mamá de niños en etapa escolar aun en el verano sufrimos para levantarlos y darles el desayuno y llevarlos al lugar donde pasan en campamento de verano o irnos juntos a la actividad del día.

Una mama positiva decide hacer cambios que la ayuden a ella no sentirse abrumada y culparte, por ejemplo con tus hijos:

• Prepárate la noche anterior con lo que necesitarás la mañana siguiente

• Tenemos que tener tiempo extra para llegar a nuestras citas y terminar nuestras tareas, no podemos vivir sin margen de error, así que coloca menos cosas en tu agenda.

• No permitas que los sentimientos de los niños cambien el ambiente de toda la familia. Si tu hijo está enfermo o uno de los miembros está pasando por traumas, debemos ayudarnos mutuamente a llevar una vida feliz en lo posible.

Sin embargo, tienes que decirte y creer profundamente que tus hijos no tienen el poder de controlar tus sentimientos.

Esta última parte es la más difícil pero es también cuestión de escoger. Si tú sabes que ellos se portan peor después de ver todo el día la televisión o consumir sus energías en juegos electrónicos, si ves que no comen bien, que no toman agua, si no se ejercitan al menos 1 hora diaria en el aire libre, bueno, allí ya tienes una lista de cambios positivos para colocar en la agenda del hogar.

> He llegado a entender que los troncos que están en mí no se deben a que alguien los colocara allí, sino que las circunstancias los ponen de manifiesto.

La Biblia dice en Mateo 7:3: « ¿Y por qué te preocupas por la astilla en el ojo de tu amigo, cuando tú tienes un tronco en el tuyo?». He llegado a entender que los troncos que están en mí no se deben a que alguien los colocara allí, sino que las circunstancias los ponen de manifiesto. En otras palabras, cuando actuamos con amargura hacia alguien que consideramos que no merece otro tipo de tratamiento más bondadoso, no es porque esa persona nos esté causando amargura en ese momento.

Lo que sucede en realidad es que de lo mucho que tienes en el corazón, tu boca habla. Así lo explicó Jesús: «Lo que está en el corazón determina lo que uno dice» (Mateo 12:34). Es decir, la boca se desborda de lo que hay en el corazón o, como en ocasiones lo explico, el corazón «vomita» lo que tiene dentro. Permíteme explicarte un poco mejor por qué es importante que entendamos esto del «vómito», sobre todo en las relaciones.

Mi experiencia me ha enseñado que en cualquier relación hay tres etapas: (1) comienzo; (2) vómito; y (3) maduración. La etapa de los comienzos, sobre todo en el matrimonio por ejemplo, es emocionante. Sin embargo, está llena del «yo»: «Yo estoy completo, realizado, feliz». Luego, nos damos cuenta de los problemas del cónyuge, del hijo, del jefe y entramos en la segunda etapa, la del vómito. Aquí es cuando nos concentramos en el otro:

«Los defectos del otro, las debilidades del otro, las fallas del otro».

> El tiempo de duración de la primera etapa puede ser de un día, diez días, dos meses, diez meses, un año y hasta muchos años, pero nos llega a todos.

El tiempo de duración de la primera etapa puede ser de un día, diez días, dos meses, diez meses, un año y hasta muchos años, pero nos llega a todos de acuerdo a la relación. El destino de una relación se basa en la capacidad de llegar a la siguiente fase.

Esta etapa crucial para la supervivencia no llega por sí sola, requiere de trabajo habilidoso e intencional que nos lleve a la etapa de madurez. Si la etapa del vómito se produce cuando cambiamos nuestros ojos de «mi felicidad» a las «debilidades del otro», la madurez se presenta cuando movemos el centro de atención del «yo» y el «tú» para llegar a la unidad de pensar en el «nosotros».

Confieso que me quedé en la etapa del vómito por mucho tiempo negándome a madurar en algunas de mis relaciones. Si hay una palabra que pueda definir la etapa de madurez es «responsabilidad». Por lo tanto, nunca llegaremos a la unidad madura si no miramos dentro de nosotros para ver nuestras fallas también.

Confieso que cada vez que no asumí mi responsabilidad, debilité mis relaciones y me debilité a mí misma.

> La creación de los cambios reales y duraderos en nuestros hogares se logra centrándonos en los bloques necesarios para construir juntos un hogar saludable.

Poniendo como ejemplo la institución familiar podemos decir que la creación de los cambios reales y duraderos en nuestros hogares se logra centrándonos en los bloques necesarios para construir juntos un hogar saludable. Estos son:

• La instrucción y la educación en las esferas que influyen en las relaciones, como las finanzas, la comunicación, el cuidado de los hijos.

• La sabiduría para manejar nuestras responsabilidades diarias en cada una de estas esferas.

• La prudencia para mantener la salud integral de todo el hogar.

Una relación madura se concentra en el «nosotros» y solo mira al «yo» para decidir qué dar, qué defender y en qué aspectos trabajar. Entonces, ¿qué podemos dar? Tiempo, cariño, nutrición. ¿Qué debemos defender? La intimidad y la comunicación. Es más, siempre debemos trabajar con perseverancia, oración y espíritu de servicio. De esta manera, no solo viviremos juntos o trabajaremos juntos sino unidos.

Sean todos de un mismo parecer,
unidos en pensamiento y propósito.

1 CORINTIOS 1:10

Medítalo...

Ten presente que cuando dejamos de juzgar tan radicalmente a los más cercanos a nosotros y extendemos una mano a nuestros hijos y a nuestro cónyuge en unidad, mejoramos la condición de todos en el hogar.

Mis confesiones...

_____

_____

_____

_____

_____

_____

_____

_____

_____

_____

_____

_____

_____

"

De ahora en adelante mi intención sera, ponerme completamente en los zapatos de la otra persona en lugar de saltar a juicios rápidos.

"

¿En los zapatos de quien me coloque hoy?

_____

_____

_____

_____

_____

3

MI BÚSQUEDA DE REFUGIO EN EL BULLICIO DE LAS TIENDAS

Confieso que muchas veces me he refugiado en la aparente libertad que me brindan las tiendas.

La película «Confesiones de una compradora compulsiva» nos cuenta la historia de una mujer que, al parecer, llevaba una vida glamourosa en la ciudad de Nueva York. La mujer nos cuenta que comenzó a creer en la «magia» cuando tenía siete años. A esta corta edad, empezó a mirar a las mujeres adultas mientras pagaban sus compras en las tiendas.

Las encontraba poderosas y las describe como bellas, felices y con facultades mágicas, porque «ni siquiera necesitaban el dinero, ya que tenían tarjetas de crédito». Cuando Rebecca Bloomwood, la protagonista de esta graciosa historia de Hollywood, tiene unos veintitantos años ya estaba definida por los diseñadores que llevaba: El vestido, el cinturón, la bolsa. Ella describe la sensación de entrar en una tienda como «el efecto de la mantequilla cuando toca una tostada caliente». Supongo que con esto expresaba que su corazón se derretía al entrar a una tienda.

> **El propósito de la película no es salvar a las mujeres ni pedirles que renuncien a su adicción a las compras, sino celebrar y fomentar la misma.**

El propósito de la película no es salvar a las mujeres ni pedirles que renuncien a su adicción a las compras, sino celebrar y fomentar la misma.

Sin embargo, ¿cómo está el armario de Rebecca? Está tan lleno de cosas que, si alguien lo abre, le caen encima de un golpe las prendas que allí se encuentran embutidas a la fuerza para que quepan.

Otra persona quizá defina a Rebecca como alguien única, inspiradora, graciosa y difícil de pasar por alto. Sin embargo, la misma Rebecca no se concibe verse fuera de una tienda sin adquirir cada vez más objetos que les ayude a definirse. En realidad, Rebecca está dispuesta a colocarse cualquier «etiqueta» que los diseñadores de estas prendas tenían en mente cuando las crearon para venderlas al mejor postor en cualquier bazar del mundo.

[
Está comprobado que lo que uno piensa, eso termina haciendo.
]

Si pudiera hablar con Rebecca Bloomwood, le diría que no tengo ningún consejo para cambiar su comportamiento. A decir verdad, tendríamos que sentarnos y hacer una investigación sobre su manera de pensar, pues está comprobado que lo que uno piensa, eso termina haciendo.

Tendríamos que volver a sus siete años de edad para buscar el porqué quería parecer llena de poder y, más aun, el porqué en lugar de buscar el poder decidió lucir como si lo tuviese.

Al entrar al sitio de Internet de la película, me preguntaron la edad con discreción. Estoy en la categoría de las mujeres entre treinta y siete a cuarenta y seis años. Para estos genios de publicidad, la edad solo es un factor que les dice qué clase de piezas me interesarían más.

A cualquier edad me puede atrapar la adicción a las tiendas y las compras, porque a cualquier edad una mujer se puede hallar desesperadamente pérdida. Después de todo, confieso que mi definición de mujer salió a relucir en mi armario.

CUÍDATE DE NO CAER EN ESTAS TENTACIONES:

1- No te definas a ti misma por quien eres dentro de una tienda, donde adquieres cada vez más objetos que te prometen ayudar con los pensamientos negativos de tu autoestima baja. Defínete de manera positiva, como alguien única, inspiradora y difícil de pasar por alto.

2- Cuídate de no caer en la tentación de ver la vida con un sentimiento de espíritu libre donde llegamos a pensar lo siguiente por error: «Mi dinero no es tan importante». El pensamiento apropiado es que debemos ser sabios con los recursos que nos ha dado Dios. Te invito a sacar el mayor provecho de cada oportunidad que tengas para utilizar tu dinero sabiamente. No actúes sin pensar.

3- Otra tentación que nos trae las tiendas es la de caer en la actitud de ser espontáneas en las compras y donde adjudicamos valor al dinero por la simple razón de que este te ayuda a disfrutar el momento. Así que necesitamos sabiduría para buscar nuestra definición en nuestro YO original, el que Dios creo y no en las alegrías efímeras que nos dan las tiendas. Si rechazamos la sabiduría a la hora de comprar tendremos que comer el fruto amargo de nuestras malas decisiones, nos ahogaremos en deudas y compromisos que duraran mucho más que la satisfacción momentánea que nos dieron las compras de ofertas en una tienda.

Si has caído en la tentación de las tiendas, te invito a que despiertes, pues la vida no es un sueño.

*Lo que hacemos mal trae consecuencias y
los resultados son reales y duelen.
Recuerda, Dios es nuestro refugio y nuestra fuerza,
siempre está dispuesto a ayudar en
tiempos de dificultad.*

SALMO 46:1

Medítalo...

Busca la sabiduría y el entendimiento que vienen de Dios y emplea tu dinero en lo que tiene valor.

Mis confesiones...

_____

_____

_____

_____

_____

_____

_____

_____

_____

Señales de una «compradora compulsiva»

Las siguientes afirmaciones te ayudan a reconocer habitos no muy sanos a la hora de comprar. Si te identificas con la mayoria de ellas, debes aprender a desir "NO" mas a menudo y a ser feliz con las cosas simples de la vida.

1- La mayoria de tu tiempo libre te la pasas comprando o devolviendo lo que compraste.

2- Utilizas las compras para cambiar tu estado de animo.

3- Tienes un cuarto en tu casa o una bodega llena de cosas que no recuerdas tener.

4- Te molesta usar el mismo vestido dos veces porque crees que la gente lo notara.

5- Salir de compras esta entre uno de los 5 habitos favoritos.

6- Regalas cosas nuevas que estan en tu closet que nunca has usado.

7- Tus deudas son excesivas debido a tus compras.

El que quiera viajar feliz debe viajar lijero.

❝
El que quiera viajar feliz debe viajar lijero.
❞

Haz una cita con tu closet. Planea hacer todo un cambio de imagen. Por cada articulo que encuentres en tu closet pasalo por el siguiente filtro.

Preguntate:
1- Es mi talla?
2- Esta dañado?
3- Esta pasado de moda?
4- Cuando fue la ultima vez que me lo puse?
5- Lo volvere a usar?

Todo lo que ya no le pertebece a tu armario consiguele su nuevo hogar. Lo que esta danado hay que botarlo, lo que tiene valor sentimental guardalo en un lugar especial, todo lo demas decide a quien regalselo.

4

ME PERDÍ EN LAS TIENDAS Y DEJÉ ALLÍ MI AUTENTICIDAD

*Confieso que muchas veces
no he sido una mujer auténtica.*

Recuerdo el día que decidí botar todo lo que no era auténtico en mi vida. Así que comencé con las carteras. Ya sé que es un tema candente para nosotras las mujeres. Es más, no me debería meter con las carteras de nadie, pero te prometo que solo hablaré de las mías, bueno, y las de una amiga.

Estas carteras estaban alimentando muchas actitudes negativas en mí, incluyendo el sentimiento de «ser merecedora» de mejores cosas y de una vida superior. El enunciado era este: «Si no tienes una vida como te gustaría, cómprate la cartera que les dé la sensación a otros que sí la tienes».

Ante tal decisión que hice delante de Dios, ¡no hay vuelta atrás! Es cierto que duele mucho tener que botar carteras, aunque sean ilegítimas. En mi caso, ¡cómo me dolió botar unas quince de esas carteras en una bolsa grande y negra de esas grandotas de basura! Era como un entierro del «yo» que quiere ser «más» sin ser auténtico.

Si duele tanto deshacerse de algo sin valor, ¿cómo será el día que decida deshacerme de algo que en algún momento de mi vida tuvo verdadero valor pero que ya no es parte de lo que yo soy? Luego, dije: «Me sedujeron».

Con esto, no me refería al dinero que malgasté en comprar esos objetos que, no son dignos de mi armario.

Más bien me refería a que me sedujeron a vivir por debajo de lo que llamo mis valores.

Uno de ellos es la honestidad. ¿Cómo podemos decir que somos honestas y lucimos una cartera que imita las marcas más caras con el objetivo (ojo, es el objetivo lo más importante) de aparentar un estatus económico que no tenemos? Solo nosotras mismas podemos cambiar lo que otros no logran ver: las actitudes del corazón. Cuando el corazón está tan repleto que «vomita» en acciones, recibimos la recompensa que merecen nuestras actitudes negativas y mal dirigidas.

La compra de una cartera de imitación se ha convertido en algo tan natural como el hacerse una cirugía plástica cada vez que una mujer se gana unas cuantas libras de más. En mi caso, no me he hecho cirugías para bajar de peso.

En realidad, hago ejercicios y me cuido del azúcar para mantener mi cuerpo en forma saludable. ¡Las imperfecciones de mi cuerpo hacen obvio que no miento! En cierta ocasión, una amiga me comentó algo mientras comíamos:

—Creo que alguien que conocemos usa esas carteras de imitación... ¡Todo el mundo las usa!
—Yo las usaba, pero las boté en la basura —le respondí.
—¡No te lo puedo creer! —exclamó mi amiga.

A decir verdad, esto no se lo había dicho a nadie antes, pues ese era un asunto entre Dios y yo. Además, no me sentía orgullosa de confesar que en otro tiempo compraba ese tipo de carteras y mucho menos admitir que no se las regalé a nadie ni las vendí para darles el dinero a los pobres... ¡las boté en la basura dentro de una bolsa negra que se llevó mis intensiones macabras de aparentar lo que no era!

Sin embargo, en esos momentos mi amiga sintió que mis acciones le hablaban a su corazón.

—Rebeca... mis carteras son muchas —comentó.

—No tomes a mal mi comentario —le expliqué—. Solo contesté a tu afirmación de que todo el mundo las usa. Luego, le expliqué por qué decidí que nunca usaría esa clase de carteras de imitación.

[
**Dios me hizo una mujer auténtica.
Así que no necesito usar imitaciones
que me rebajen a ser una imitación más.**
]

—Antes que todo, es ilegal venderlas y comprarlas. Por otra parte, Dios me creo y soy una mujer auténtica. Así que no necesito usar imitaciones que me rebajen a ser una imitación más.

»Cuando boté las quince o más carteras de mi armario, llegué a un gran descubrimiento: tengo muchas carteras lindas. Así que no tengo que vivir basándome en la idea de lo que le falta a mi armario, sino sobre la base del bienestar y la abundancia que ya me ha proporcionado Dios.

En un momento de la conversación, sentí que debía regalarle a mi amiga un par de zapatos muy costosos que a mí misma me habían regalado. Eran de un diseñador muy famoso, pero no coincidían con mi talla. Aunque me quedaban un poco grandes, a veces me los ponía porque me gustaban mucho y eran originales. Cuando llegamos a la casa, le pregunté a mi amiga:

—¿Qué talla de zapatos usas?

—¡El ocho! —me respondió.

Esa era precisamente la talla de mis zapatos. Debería ser sencillo saber si debía dárselos o no, pero no lo era.

Ya en el armario de mi cuarto, me puse los zapatos por última vez. Eran tan hermosos y derrochaban lujo a todo color. ¡Me los había regalado! ¿Se enojaría conmigo el que me los regaló? Tal vez esa sería suficiente razón para no darlos. Eso es, me dije, debo tener una regla en mi vida que diga: «Si me los regalaron, no los puedo regalar». En verdad, la regla parecía muy razonable. Sin embargo, cada vez que me convencía que no era para regalarlos, sentía con aun más fuerza que me quedaba con algo en el armario que sería positivo para mi vida ceder.

> **A lo mejor pienses que era más fácil regalarle a mi amiga un par de zapatos finos que botar quince carteras de imitación a la basura, pero no lo fue.**

A lo mejor pienses que era más fácil regalarle a mi amiga un par de zapatos finos que botar quince carteras de imitación a la basura, pero no lo fue. A medida que bajaba las escaleras sentía el peso de mi decisión.

—Abre la bolsa cuando llegues a tu casa —le pedí al entregarle los zapatos.

Lo cierto es que no sabía si le daría un abrazo y le recibiría el beso de agradecimiento... o si se iba a notar en mi rostro el descontento. Sabía que era un buen ejercicio para mí, pero mis pensamientos negativos no me dejaban disfrutar de este buen momento.

Cuando vi que su auto salía de la entrada de mi casa, mi corazón descansó. Ya esos zapatos dejaron de ser un objeto más en mi administración. ¡Tomé la mejor decisión! Ahora era consciente que el acto de botar esas carteras de imitación fue solo un ensayo, y que los zapatos que acababa de regalar fue un acto original de aprender a simplificar y que ningún par de zapatos me hace ser una mujer auténtica... ¡y que esta mujer auténtica tiene zapatos genuinos en su armario hasta para regalar!

LA VIDA FELIZ ES... SIMPLE:
Albert Einstein dijo: "Creo que vivir la vida de manera simple y sin pretensiones es bueno para todos, física y mentalmente."

Y así lo creo yo también. Más adelante en mi vida me deparaba un divorcio y esta experiencia con mi armario me estaba preparando para lo mucho más que debería aprender. Por ahora te puedo colocar en palabras lo que aprendí:

• Aprendí de manera orgánica lo que es el sentimiento de abundancia que te llena el corazón al deshacerte de las cosas de dos maneras: una al tirar lo que no es útil para ti ni para nadie y dos, el encontrar un nuevo dueño para aquellas cosas que están en tu armario, en tu casa, en tu posesión, pero que en cierta manera no son tuyas, porque no las usas.

• Aprendí que es bueno estar contenta con lo que tengo y para ello tengo que estar consciente de lo que hay en mi armario. Hoy he ido mucho más profundamente en esto de la simplificación. El día llego que salí de aquella casa con casi nada. Pero esa es una historia para otro libro.

• Aprendí que Para una vida feliz hay que simplificar de forma profunda, los humos de grandeza, engreimientos, orgullos y soberbia están de más, sobran y estorban.

Hoy puedo decir que he aprendido el secreto de vivir en cualquier situación.

He aprendido a estar contento con lo que tengo.
Sé vivir con casi nada o con todo lo necesario. [...]
Pues todo lo puedo hacer por medio de Cristo,
quien me da las fuerzas.

FILIPENSES 4:11-13

Medítalo...

Saca todo lo que no sea auténtico en tu vida y serás
capaz de ver los tesoros que ya tienes a tu disposición.

Mis confesiones...

_____

_____

_____

_____

_____

_____

_____

_____

_____

_____

"

El conocimiento añade bienestar a tu vida.

"

La sabiduría te invita a simplificar algo todos los días.

- Rebeca Segebre

DÍA___/___/___

Que añadiste hoy?

_____

_____

_____

_____

_____

_____

_____

Que simplificaste hoy?

_____

_____

_____

_____

_____

_____

5

SIN ESTAS PALABRAS EN EL DICCIONARIO LLENÉ EL ARMARIO DE TRASTOS

Confieso que muchas veces fui en el pasado una mujer desesperada, donde la moderación brillaba por su ausencia.

Sin duda, la frugalidad es buena para cada aspecto de la vida. Sin embargo, la abstinencia a la hora de comprar me habría sacado de problemas más de una vez. El asunto es que el dinero es bueno para todas estas cosas. El dinero lo podemos usar para mantener una imagen, ya sea real o ficticia. También nos ayuda a mantener un estatus social. Asimismo, podemos usar el dinero para recibir la atención que tanto deseamos.

Esto nos puede llevar a actuar sin pensar las consecuencias debido a que nos preocupa lo que piense la gente y no tenemos en cuenta lo que realmente nos hace feliz a nosotros. Por eso, estoy en campaña contra lo falso: La falsa humildad, la falsa felicidad, incluso, los objetos falsos...

Es probable que ya leyeras mi historia acerca de las carteras tipo imitación que arrojé a la basura. Sin embargo, esto es solo una parte de mi campaña contra lo falso. También estoy en campaña en contra del falso sentido de tener derecho a una mejor vida, pues eso nos lleva a caer en el mismo error que cometen tanto ricos como pobres de acudir a lo artificial.

Por ejemplo, hoy en día existe el deseo de tener una apariencia de salud y belleza externa. Esto nos impide que no tomemos en cuenta los verdaderos problemas internos de tiroides, hormonales o de cualquier otro tipo.

Así que nos sometemos a procedimientos para «vernos» sanas, sin abordar el problema, engañándonos a nosotras mismas con cirugías reconstructivas que pasan por alto las verdaderas causas del asunto.

> **Es evidente que tenemos un problema de calidad en esta generación.**

Otro ejemplo lo encontramos en los Estados Unidos, donde nos venden muchas cosas que aparentan lujo. Sin embargo, no tiene la calidad que un objeto de lujo debería tener. Así que a los pocos meses hay que botarlos a la basura. Este es un lujo falso. Es evidente que tenemos un problema de calidad en esta generación. El rey Salomón dice que en la casa del sabio hay muchas cosas de valor y finas.

En otras palabras, los necios se gastan todo y, por lo tanto, no tiene nada. ¿En que se gastan los necios el dinero? Los necios se gastan el dinero en lujos que no deberían permitirse y en placeres efímeros que traen una falsa felicidad.

Debemos comprar desde un sentimiento de abundancia, cuando ves algo y tienes el temor de no volverlo a encontrar en ese exacto color estas actuando en escaces, no en abundancia. Calidad en lugar de cantidad es la clave para no llenarnos de trastos.

EN LUGAR DE EMPLEAR EL DINERO EN COSAS FALSAS,
UN MEJOR USO ESTARÍA EN:

• **La generosidad:** El dinero es bueno para tratar bien a los pobres y esto trae verdadera alegría y bienestar. Limpia tu closet y dona lo que está en buenas condiciones. Paga el peaje del que viene detrás de ti en la fila. Asiste a ese evento organizado por tu amiga que cuesta algo de dinero pero la ayuda a continuar su emprendimiento.

• **La gratitud:** Envía flores a alguien especial y agradécele por su presencia en tu vida. Compra unos tiquetes para un concierto o prepara un regalo sorpresa para una persona especial en tu vida, con ese detalle sabes que la harás feliz.

• **Emprender:** Toma una clase referente a tu emprendimiento. Utiliza herramientas adecuadas que cuestan pero que hacen tu negocio más organizado. Invierte en mercadeo para tu negocio.

• **Utiliza la sabiduría:** Evita cualquier cosa, actividad o persona que debilita tus finanzas. Aquí podrías hacer una lista de lo que te prometes que evitaras.

Medítalo...

Recuerda que una mujer positiva aspira a ser una mujer virtuosa que usa sus capacidades para añadirle valor a todo lo que se dedica y emprende.

Mis confesiones...

_____

_____

_____

_____

_____

AL ORDENAR, ya sean tus posesiones, **TU CASA, TU ESPACIO,** *ordenas la mente.* **CUANDO HACES CUALQUIER** tipo de limpieza, **INCLUYENDO EL PERDÓN, TAMBIÉN PURIFICAS la mente.**

- Rebeca Segebre

DÍA___/___/___

¿Qué ordenanste hoy?

_____

_____

_____

_____

_____

_____

¿Qué limpiaste hoy?

_____

_____

_____

_____

_____

_____

6

MIS CONFESIONES DE CHICA SEXY

*Confieso que muchas veces he definido
mi femineidad a través de mi sexualidad.*

Existe un fenómeno curioso en nuestra sociedad occidental y es el de «la niña sexy». Creo que este fenómeno se ha introducido hasta en las iglesias cuando vemos la manera en que se visten algunas jovencitas. Estas desfachateces también las vemos en la calle y en las iglesias entre mujeres casadas.

Esta «niña sexy» es una figura bien conocida hoy en día en los medios de comunicación.

Es posible que te preguntes: ¿De qué niña me hablas? El asunto es que todas hemos aceptado esa figura como la definición del cuerpo de una mujer que de seguro has visto. Se trata de una mujer con voluptuosas curvas, un cuerpo escasamente vestido girando en vídeos musicales, posando de manera provocativa en las portadas de revistas para adolescentes y con su casi desnuda figura llenando las pantallas del cine y la televisión en todo el mundo. En realidad, se ha convertido en un accesorio más de nuestra cultura.

Las mujeres mayores quieren verse como ella, porque el mensaje que se transmite es el siguiente: «Mientras más joven te veas, más sexy y deseable serás». Así que muchas han caído en la tentación de llenar el tan difícil molde.

Sin embargo, entre las más mayorcitas también existe un fenómeno parecido. Mirando la transmisión de un programa latino en la televisión estadounidense, observé el tipo de vestido que escogieron las presentadoras. Eran ropas muy fuera de tono, nada elegantes, ni creativas, simplemente vulgar. Entonces, me dije: ¿Por qué algunas mujeres se han transformado en algo diferente después de hacerse cirugías plásticas para aumentar sus senos? Ya no pueden vestirse, a menos que estén mostrándolos al mundo entero. La respuesta puede ser: «Son un accesorio más».

[
Al igual que me pongo un anillo, una pulsera y un par de zapatos para añadir un accesorio más a mi vestuario, muchas mujeres deciden usar sus cuerpos como accesorios.
]

Ahora entendía que, al igual que me pongo un anillo, una pulsera y un par de zapatos para añadir un accesorio más a mi vestuario, muchas mujeres deciden usar sus cuerpos como accesorios... ¡y los accesorios que se compran y se llevan puestos son para que se vean!

La «chica sexy» se ha celebrado de manera ardiente y estridente, pues al parecer, sirve como un modelo para definir la femineidad, la sexualidad y, aun más, para definir la niñez y los criterios que se usarán para aceptarla o rechazarla en nuestra sociedad.

¿Recuerdan a JonBenét Patricia Ramsey, la niña reina de belleza que fue víctima de un trágico asesinato? También se escuchan historias de quinceañeras que piden de regalo de cumpleaños un aumento en sus bustos.

Hace unos años, todos nos quedamos tristes al leer en las noticias la historia de un padre que perdió a sus dos hijas gemelas en la sala de cirugía mientras les hacían implantes mamarios a ambas como regalo de quinceañeras.

[**La niña sexy ya es parte de nuestra cultura. Solo hay que irse de compras a una de las tiendas de niñas y ver lo que les venden: minifaldas y accesorios que les pertenecen a mujeres mayores de dudosa moralidad.**]

La niña sexy ya es parte de nuestra cultura. Solo hay que irse de compras a una de las tiendas de niñas y ver lo que les venden: minifaldas y accesorios que les pertenecen a mujeres mayores de dudosa moralidad. La cultura pop y la publicidad que la rodea les enseña a las niñas y los niños acerca de la sexualidad, pero de forma malsana. Es importante tener una comprensión del sexo, pero no de la manera tan perjudicial que impulsa el mercado, ya que enseña muchos mitos dañinos.

[**Es importante tener una comprensión del sexo, pero no de la manera tan perjudicial que impulsa el mercado, ya que enseña muchos mitos dañinos.**]

No obstante, estos estereotipos no son solo para las pequeñas. Hace poco haciendo mis ejercicios diarios, usando un canal de televisión por cable que se dedica solo a la gimnasia, apareció un anuncio que me intentaba vender un conjunto de vídeos de ejercicios en los que se utilizaba un poste para bailar como lo hacen las mujeres en los bares de prostitución. Este anuncio me intentaba vender la falsa imagen de la mujer de hoy que no le basta perder peso y a la que invitan a utilizar movimientos suntuosos y provocativos solo dignos de una mujer vulgar.

53

El asunto es que después vemos el gran problema que existe con la esclavitud sexual infantil, donde los hombres de nuestra cultura viajan a países más pobres para tener relaciones sexuales con mujeres bien jovencitas. A esto lo tildamos muy bien de errado, pero no nos damos cuenta que no se llega hasta allá por casualidad... hay un camino que hemos tomado como sociedad y ese camino tiene varias paradas.

Muéstrame la senda correcta, oh SEÑOR; señálame el camino que debo seguir. Guíame con tu verdad y enséñame, porque tú eres el Dios que me salva. Todo el día pongo en ti mi esperanza.

SALMO 25:4-5

Medítalo...

Decide una actitud positiva hacia tu figura corporal que sea honrosa y sé un digno ejemplo de integridad y pureza.

Mis confesiones...

_____

_____

_____

_____

_____

7

AL ALIMENTAR LA MENTE CON PAN, ME OLVIDÉ DE DEGUSTAR SU MANÁ

Confieso que muchas veces los pensamientos
negativos se han apoderado de mi mente.

Existen pensamientos que son casi automáticos y negativos que nos roban la felicidad y la paz y la mayoría de las veces, estos pensamientos son contrarios a la realidad.a esto le llamo el PAN de las desesperadas. Es decir, «Pensamientos Automáticamente Negativos». Se trata de esos pensamientos que nos hacen vulnerables a la ansiedad y que llegan sin pedir permiso. Pensamientos como: «Él nunca me escucha», «Mi jefe me va a regañar», «Ya hice algo mal», «Nadie me miró cuando entré, seguro que están molestos conmigo».

No... No pienses que te voy a dar una respuesta sencilla como las que escuchamos a veces. No te voy a proponer que seamos optimistas irracionales y que nos mintamos para que algún día nuestro mundo sea como lo idealizamos. No, mi propuesta es ir a la verdad y decirnos la verdad. ¿Será del todo cierto que «tu jefe o tu hijo o tu esposo nunca te escucha»?

> **Si no nos percibimos de la duda que llega de forma tan automática al corazón, podemos caer en una actitud negativa de tal manera que nosotros decidamos actuar ahora en esa actitud negativa como lo hemos hecho en otras ocasiones y esto solo nos llevará al fracaso.**

Por esto, al PAN también le llamo: «Pensamientos Automáticamente Nocivos», Si no nos percibimos de la duda que llega de forma tan automática al corazón, podemos caer en una actitud negativa de tal manera que nosotros decidamos actuar ahora en esa actitud negativa como lo hemos hecho en otras ocasiones y esto solo nos llevará al fracaso.

La persona de actitud positiva es intencional en interrumpir estos pensamientos automáticamente negativos. Esto simplemente significa que como seres humanos, a veces tenemos pensamientos negativos o dudas, no importa si somos increíblemente optimista o positivas. La clave es trabajar para ser conscientes y mantenernos constantemente monitoreándonos nuestra respuesta a otras personas, circunstancias, o nueva información.

Los pensamientos negativos a menudo distorsionan nuestra comprensión de los problemas. La distorsión impide nuestra capacidad de encontrar soluciones y trazar planes de acción. Además, al bloquear o colocar pensamientos negativos, prejuicios, preconcepciones y juicios falsos, nos hacemos más abiertos a darle a las otras personas y las circunstancias el beneficio de la duda; Esto a su vez genera confianza con los demás.

Dios encuentra placer en conducirnos a salvo a través de los desiertos de la vida. Él está listo para abrir los cielos y darnos de comer su MANÁ, la comida de los ángeles. Él está dispuesto a levantarse a pelear nuestras batallas. Sin embargo, Dios desea que confiemos en Él y que no le demos cabida a la duda.

¡Tú guardarás en perfecta paz a todos los que confían en ti; a todos los que concentran en ti sus pensamientos! Confíen siempre en el SEÑOR, porque el SEÑOR Dios es la Roca eterna.

ISAÍAS 26:3-4

¿Cuál es tu PAN de cada día? ¿Qué clase de pensamientos negativos se mezclan en tu diario vivir sin pedirte permiso adicional? ¿Qué expresiones negativas te invaden como si fueran tus amigos de infancia o las mascotas del cerebro que caminan por la casa de tu pensamiento como animalitos dañinos que roen las patas de tu mejor mesa de comedor y tú se lo permites?

Escribe tu PAN de cada día en un papel. Luego, haz lo siguiente: Decide limpiar tu mente de lo que no sea cierto en lo absoluto. Deja de alimentarte con el mismo PAN de cada día y busca el Nuevo Pan de Dios, lo que llamo el MANÁ. Cuando alimentas la mente con PAN, olvidas hacer un festín con el MANÁ de Dios.

MANÁ es el acrónimo de las siguientes palabras: Más Amor-No Ansiedad. Puedo asegurarte, sin recurrir a usar una de las frases que vienen en las galletitas de un restaurante chino, que si cambias de alimento mental, tu vida cambiará. Dios es amor.

La próxima vez que te encuentres experimentando el PAN, decide distraer esos pensamientos. Por ejemplo, yo llevaba siempre en mi billetera una hoja con un dibujo de Jesús recibiendo los 5 panes y dos peces de las manos de un niño. Cada vez que tenía un pensamiento negativo sobre mis finanzas, lo miraba y recordaba que en sus manos, todo lo bueno que tengo se puede multiplicar milagrosamente. Tú puedes guardar una frase o una afirmación que te recuerde que Dios te ama y no estás sola.

Antes de actuar para resolver el problema, debemos más que nunca inclinarnos a ver su rostro y conversar con Él. Sé que cuando las situaciones son reales, no solo son pensamientos negativos pero situaciones realmente negativas, mientras lloro en mi cama, Dios me escucha, me ve y me entiende, cuando estamos desesperadas, no debemos fallar en buscar la Palabra. En fin, cuanto más entiendo el amor, el temor se va y la ansiedad solo queda como un asunto del pasado. Así que hoy te invito a que dejes el PAN de cada día y comiences a alimentarte del MANÁ de Dios.

No se preocupen por nada; en cambio, oren por todo. Díganle a Dios lo que necesitan y denle gracias por todo lo que él ha hecho.

FILIPENSES 4:6

Medítalo...

Bloquea los pensamientos negativos, prejuicios, preconcepciones y juicios falsos. Esto nos hacemos más abiertos a darle a las otras personas y las circunstancias el beneficio de la duda; Esto a su vez genera confianza con los demás. Rechaza todo pensamiento que no proviene de Dios y sé siempre consciente que Él te ama con amor inagotable.

Mis confesiones...

_____

_____

_____

_____

_____

LA VIDA ES CORTA
VÍVELA INSPIRADA
POR AMOR
Y NO GUIADA POR
EL TEMOR

- Rebeca Segebre

DÍA___/___/___

Busca un lugar en la naturaleza donde puedas caminar por lo menos unos 10 minutos. Relájate, toma pasos cortos, sonríe y abre tu corazón al amor de Dios. Experimenta el movimiento de tu cuerpo inhalando y exhalando notando el ritmo de tu respiración.

Permite que los pensamientos negativos (PAN) se vayan mientras caminas. Escucha tu corazón y lo que el amor te inspira a crear hoy.

Escribe como te sientes ahora:

_____

_____

_____

_____

_____

_____

_____

8

NO ME HE PUESTO DE ACUERDO CON EL RITMO DE LA VIDA

Confieso que muchas veces en el pasado solo corría y no miraba donde pisaba.

Tuve la oportunidad de visitar las ruinas del templo en Jerusalén. Este templo donde Jesús alabó a esta mujer viuda y pobre que logró impresionarlo debido a que dio todo lo que tenía. Al visitar Jerusalén, una de las sorpresas que me llevé fueron los detalles que me hablaron de la personalidad y el carácter de Dios. Allí me encontré con mis ruinas favoritas... las ruinas de ese mismo templo que destruyeron en el año 70 d. C. Este fue el templo al que entró Jesús y del que aún quedan los peldaños de la entrada principal. En este lugar descubrí una verdad muy grande sobre nuestro caminar en la vida.

Al estar en las ruinas del templo en Jerusalén, lo primero que me asombró fue la revelación de cómo Dios le pone ritmo a nuestras vidas. Los escalones del templo me enseñaron una lección sin igual, pues estos se construyeron de una manera singular: Dos pequeños y uno grande. Esta construcción se hizo a propósito, de manera que nadie pudiera correr hacia el templo y por lo tanto hacia la presencia de Dios. Es sabio caminar con atención plena.

> **Dios colocó los escalones para que trabajaran en contra de nuestra tendencia natural de seguir con el paso que llevamos y dejar de prestar atención al «lugar» que pisamos.**

La atención plena tiene que ver con abrazar una tarea al tiempo. Es prestar atención de una manera particular, esto es: a propósito, en el momento presente y sin juzgar el escalón que pisamos.

Cuando lo analizamos, vemos que nuestra tendencia natural es correr, ¿verdad? Así que Dios colocó los escalones para que nuestros pasos fueran más conscientes y trabajaran en contra de nuestra tendencia natural de seguir con el paso que llevamos y dejar de prestar atención al «lugar» que pisamos.

Los griegos construían los escalones de una manera diferente, pues los hacían altos. Sin embargo, me encanta que el templo en Jerusalén los escalones nos saludan con caminos desiguales e irregulares. Estos no nos llaman a ejercitarnos, no se construyeron escalones altos para que seamos fuertes, ni para que podamos «dominar» el camino. Es obvio que el significado es que Dios quiere que dependamos de Él mientras caminamos.

[
Dios quiere que dependamos de Él mientras caminamos.
]

El rey David escribió salmos para cantarse mientras se caminaba por los escalones del templo o en el ascenso a Jerusalén. Los versos de esos salmos tenían el mismo principio que los escalones del templo: Dos cortos y uno largo. En hebreo, a estas canciones se les llaman ma'alah, que significa «peldaño, procesión, peregrinación». Podían haber unas cincuenta mil personas caminando el templo en un tiempo determinado y uno de los salmos que se cantaban era el Salmo 133 que dice: «¡Qué maravilloso y agradable es cuando los hermanos conviven en armonía!» (v. 1).

En la vida familiar tenemos muchas oportunidades en las que se nos recuerda que no podemos escoger el ritmo de subida, pues los escalones de las circunstancias son los que muchas veces nos dirigen.

No obstante, sí podemos mirar a los que suben con nosotros como lo que son, nuestra familia, y juntos podemos escoger la canción que cantaremos mientras ascendemos a nuestro destino.

En un momento de mi vida en el que permití que las circunstancias en mi matrimonio me llevaran a la deriva, perdí la orientación, no sabía dónde estaba ni como llegue allí. En un momento inesperado, cuando me detuve a meditar en mi vida, mi corazón escucho una llamada a la acción: «Dame tus mañanas y tus tardes».

Nuestra cultura ha sido diagnosticada acertadamente con problemas de atención parcial continua. Yo he experimentado los beneficios físicos y mentales de hacer pausas regulares en mi trabajo y aun más, parar las tareas para dedicarle mi completa atención a una actividad (de bienestar) que disfruto. Si me sigues en las redes sociales, me veras en la playa una vez por semana y por 1 hora con mis amigas, mientras practicamos media hora de yoga y media hora de sumersión en el mar.

La atención plena tiene que ver con dejar de tirar al aire nuestras bolas de malabares de vez en cuando. Se trata de abrazar la belleza de hacer una tarea al tiempo. Beneficios para la salud: las ventajas de la atención plena son tangibles. La American Psychological Association lo cita como una estrategia para aliviar la depresión, la ansiedad y el dolor.

Es por esto que decidí también crear un libro para colorear que se llama Afirmaciones Divinas, es una herramienta para conectarte con Dios con atención plena, colorear y relajarte.

Nuestra vida espiritual no es algo que nos ponemos y nos quitamos cuando queremos.

Somos en todo momento seres espirituales y en todo momento Dios es. Dios no es un Dios de visitas, sino de residencia, morada y habitación. No hay manera de encontrarnos o alejarnos, no podemos correr para entrar o para salir de la presencia de Dios. En realidad, necesitamos poner atención y simplemente permanecer.

¿A que le estas entregando tus mañanas y tus tardes? Las mañanas y tardes representan el tiempo de mayor productividad. La pregunta era si estaba entregada a aquello en lo que ocupaba mi tiempo o simplemente mi vida iba a la deriva, de la misma manera que un barco se aleja de su rumbo sin darse cuenta.

> **Los momentos de desesperación pueden ser los escalones largos que nos hacen detener y considerar nuestros pasos.**

Los momentos de desesperación pueden ser los escalones largos que nos hacen detener y considerar nuestros pasos.

Hacer un compromiso de practicar la atención plena ha significado borrar aplicaciones de mi teléfono y quitar notificaciones de mi computadora. Significa salir a caminar en el parque cerca de casa sin escuchar música, sin hablar y casi que sin pensar en cualquier tema solo escuchar los sonidos de la naturaleza.

Esto me encanta hacerlo con mis hijos porque a diferencia de los adultos ellos superan rápidamente el temor al aburrimiento, se meten en la experiencia y la disfrutan a menudo agarrando objetos en el camino o subiéndose en uno de los árboles.

Atención plena para mi significa que me doy permiso para sentarme a almorzar aunque este sola y también para cocinar. Es tomar un momento para sentir el aroma de los ingredientes que corto para una ensalada que preparo para la cena con mi familia. Estas prácticas no serán revolucionarias pero de alguna manera son desafiantes.

Ser consciente en el mundo real no siempre es fácil, pero he encontrado por experiencia propia que, si mejoramos un poquito, nos beneficiaremos muchísimo. Hoy en día este tema es el objeto de un creciente número de investigaciones que nos muestran los beneficios del cuerpo cuando la mente consigue centrase de manera profunda en lo que está haciendo.

Mejorar la atención tiene sus técnicas, incluyendo la práctica del silencio, tener momentos de reflexión mientras coloreamos y aprender a realizar ejercicios de respiración rítmica profunda a la vez que incluye rutinas para antes de ir a la cama, no solo para mejorar el sueño, sino para que podamos realmente descansar mientras dormimos.

Este simple detalle de los escalones en las ruinas del templo también me hizo recapacitar y entender que es importante poner atención mientras caminamos, no podemos colocarnos en automático por más cómodo que esto parezca, ¿Por qué nuestra mente necesita atención plena? cada vez más muchos de nosotros estamos buscando la paz en nuestros días. Vivimos ocupados en un mundo loco y es imprescindible para nuestro bienestar, descubrir que estar atentos a nuestra propia vida es nuestra propia recompensa.

No somos el protagonista de nuestra historia personal pero debemos ser el más vigilante espectador.

Si tenemos la consciencia que caminamos con Dios, con más razón hay que ponerles atención a nuestros pasos. Así que no nos hace bien correr aunque lo deseemos.

Si estamos pasando por un momento en el que parece que el escalón es demasiado largo y queremos desistir, debemos recordar que en el ejercicio físico los músculos se acostumbran a los movimientos. Es más, los ejercicios que dan resultado hoy, pierden su eficacia mañana. No obstante, si el músculo siente el dolor, quiere decir que el ejercicio está haciendo efecto. Por eso debemos recapacitar sabiendo que no siempre podemos escoger nuestro ritmo, ni nuestros peldaños, sino que podemos optar por crecer y esforzarnos mientras subimos hacia nuestro destino.

Es bueno dar gracias al SEÑOR,
cantar alabanzas al Altísimo. Es bueno proclamar
por la mañana tu amor inagotable y
por la noche tu fidelidad.

SALMO 92:1-2

Medítalo...

Acepta la invitación de ser el más vigilante espectador de tu propia existencia. Dar lo mejor de tus días depende de ti, camina con atención plena y disfruta en todos tus caminos.

Mis confesiones...

_____

_____

_____

Desconéctate!

La atención plena requiere silencio y esto implica dejar a un lado nuestros celulares por un tiempo.

Apágalo / ignóralo / escóndelo / ... por lo menos una noche.

Lo que descubrí en mi tiempo de silencio:

_____

_____

_____

_____

_____

_____

_____

TOMA UN MOMENTO PARA REFLEXIONAR

SOBRE LAS PERSONAS Y LAS COSAS

a tu alrededor.

SON EN ESTOS MOMENTOS DE QUIETUD QUE

la inspiración crece

Y EN LOS QUE RECONOCEMOS

los milagros de la vida.

NINGUN DÍA DEBE SER TAN OCUPADO

que no encontremos tiempo

PARA ESTAR A SOLAS Y REFLEXIONAR.

— Rebeca Segebre

9

ME HE ENFOCADO EN LAS TAREAS INCONCLUSAS

Confieso que muchas veces mi lista de cosas por hacer está siempre repleta.

Sin duda, es un problema enfocarnos en todas las cosas que aún están incompletas, sin terminar, o que no funcionan bien en la vida. Tener un cerebro desordenado se interpone en el camino del pensamiento profundo y ágil

La carga mental que nos trae las listas de tareas por hacer, aunque es parte de la vida, tienen influencias sobre nuestra experiencia diaria, debido a que consume algunos de nuestros recursos mentales, disminuyendo por lo tanto lo que podemos asignar a la experiencia que nos ocupa en el momento actual. Una mente clara ofrece una experiencia más completa.

El estrés y dedicarnos a la reflexión profunda de lo que tenemos por hacer, disminuyen nuestra capacidad de creatividad, así como disminuyen las posibilidades de sumergirnos realmente en la experiencia del momento y por lo tanto disfrutarlas.

Como mujer de actitud positiva, entiendo que necesito no solo trabajar mis listas de cosas por hacer, sino también recordar las cosas que he logrado. Es necesario tener presente las pequeñas victorias, así como es necesario conmemorar lo milagroso y majestuoso.

> **Es necesario tener presente las pequeñas victorias, así como es necesario conmemorar lo milagroso y majestuoso.**

No importa qué clase de proyecto tengas en tus manos. Tal vez sea un nuevo emprendimiento, la construcción de un edificio, o tu casa, etc. Aun así, habrá momentos difíciles, tal y como me sucedió en el pasado, en los que quizá te quedes paralizado por el temor o las inseguridades. Incluso, es posible que te quedes inactiva debido a la ignorancia. En esos tiempos necesitarás recordar los períodos en que has logrado salir adelante y triunfar.

Que mejor manera que comenzar desde ya una lista de tus victorias. Así es, como parte de mis hábitos tengo el escribir la lista de las cosas que he alcanzado.

Esto me ayuda de muchas maneras:

• Me mantiene con una actitud positiva a las posibilidades para el futuro.

• Valida mis esfuerzos pequeños y grandes y muestra cuál de ellos ha resultado en buen fruto.

• Crea una motivación para alcanzar lo que todavía está por conquistar en el camino a mis sueños.

• Me mantiene en estado de felicidad, bienestar mientras trabajo en proyectos de gran magnitud.

• Las cosas pequeñas no se quedan sin agradecer y si son el resultado de colaboración, no se quedan sin premiar los logros grandes y pequeños.

• Nos recuerda que las acciones de un solo día, aun de un momento al día puedan crear resultados y esto nos ayuda a mantenernos en movimiento.

• Estas listas son como inventario de lo que realmente da resultados, por lo cual se puede utilizar como medida para futuros emprendimientos.

• Las grandes metas se logran con pequeños pasos que se pueden dar ahora.

En el proceso, he aprendido a hacer esto de manera diaria con mis hijos. Literalmente todos los días tenemos una rutina de 6 pasos en la que uno de estos pasos es recordar en las últimas 24 horas razones por las cuales estar agradecidos.

Esto acto es también una manera de contar nuestras victorias diariamente.

El hacer un inventario periódico de mis victorias, me recuerda que todas ellas están relacionadas a acciones que he tomado. No hay felicidad sin acción. Por lo tanto, esta lista le habla a mi presente, diciendo, "si quieres ver algo hermoso en tu lista de victorias es hora de accionar HOY para ver aún más victorias en el futuro."

Reflexionando en esto más profundamente entendemos que, tomar acción es una señal de que tenemos esperanza en nuestro futuro. He aprendido que mientras que la mujer desesperada se queda en los sentimientos. La mujer positiva se mueve a la acción.

He aprendido que alegrarme con las victorias que Dios me da diariamente me trae felicidad y bienestar y celebrarlas me ayuda en enfocarme de manera positiva en lo que aún me falta por caminar y por conquistar.

¡Canten de la gloria de su nombre!
Cuéntenle al mundo lo glorioso que es él [...]
Vengan y vean lo que nuestro Dios ha hecho,
¡los imponentes milagros que realiza a favor de la
gente! [...] Vengan y escuchen todos los que temen
a Dios, y les contaré lo que hizo por mí.
- SALMO 66:2, 5, 16

Medítalo...

Deja de concentrar todas tus fuerzas en las metas que todavía no has alcanzado y toma un tiempo para celebrar tus victorias para que mantengas una actitud positiva en cuanto a lo que aún queda por transitar.

Mis confesiones...

_____

_____

_____

_____

_____

_____

Haz una lista de 5 a 7 tareas simples que haces diariamente y que te ayudan a tener una actitud positiva para alcanzar metas y concretar tus sueños.

Como por ejemplo levantarte temprano a escribir o salir a caminar con tu perro en la mañana.

1- _____

2- _____

3- _____

4- _____

5- _____

6- _____

7- _____

Te felicito por escribir cada una de ellas.

10

NO VI LOS VERDADEROS TESOROS ESCONDIDOS EN LOS MOMENTOS COTIDIANOS

Confieso que muchas veces en el pasado decoré mi casa con objetos carentes de significado.

Cuando estés organizando tus cosas y tu casa, te sugiero que añadas la siguiente tarea: Establecer un rincón de la casa para ciertos recuerdos. Piensa qué pasaría si cada vez que pasas por ese lugar te emocionas recordando todo lo bueno que Dios ha hecho y te ha entregado. No se lo dejes al azar, organízalo para que celebres tus victorias.

En mi caso, he organizado mi casa y mi oficina donde mantengo con sencillez los recuerdos; de manera específica:

FOTOGRAFIAS

Tengo un cuadro con las fotografías organizadas de nuestra familia el día que nos casamos en el mar en el aniversario 100 de la ciudad de Miami Beach. El tesoro escondido aquí, es que había querido tener una boda hermosa para celebrarla y recordarla con mi esposo y mis hijos, pero debido a las circunstancias del pasado parecía imposible hacerlo. Sin embargo Dios nos dio una tremenda sorpresa.

Queríamos casarnos le primer día de primavera, esto es el 21 de Marzo, al mismo tiempo, la ciudad de Miami Beach cumplía 100 años y por motivo de ello hicieron una celebración de una semana. La celebración incluyó una Boda en la playa para 50 parejas con todos los gastos pagos el día 22 de marzo. El alcalde de Miami Beach nos casó y la ciudad nos regaló una bella y emblemática ceremonia.

¿Puedes creer que la ciudad trajo esa semana al grupo musical que canta nuestra canción preferida? Es por esto que el cuadro de fotografías es tan importante para nosotros. Los demás no saben todo lo que nuestra mente piensa, nuestro corazón siente y la alegría que nos trae, pero está bien, porque esas fotos son un símbolo para la familia.

PIEDRAS PRECIOSAS

Esto incluye también mis accesorios. Mantengo un anillo que compré en Rusia, cuando visité y renové mis votos de madre adoptiva. Dios me permitió ir a Saint Petersburg, Rusia con mi trabajo y me sorprendió con la dicha de poder conocer mejor la cultura de mis hijos. En este lugar Dios me habló nuevamente sobre su hermoso regalo y la responsabilidad tan grande que viene con la decisión de amar a mis hijos adoptivos.

ACCESORIOS

La pulsera de colores que dice Niñez que me recuerda de mi llamado personal de ser una voz en favor de los niños de condición de pobreza y orfandad en nuestra amada Latinoamérica.

A todo esto le llamo recordar tus «victorias» y tus valores utilizando símbolos que te ayuden a mantenerlos presente..

Cuando hagas tú lo mismo, te recomiendo lo siguiente:

• Establece el símbolo de las victorias grandes con el uso de pequeñas cosas.

• Antes que todo, el símbolo debe ser descriptivo de la victoria para ti.

• Asigna el significado adecuado al objeto apropiado. Si es un símbolo para todo el mundo, lo más probable es que no sea el símbolo que buscas. Al levantar un monumento simbólico en tu casa que le recuerde a tu familia la presencia de Dios y su ayuda, les brindas la oportunidad de que lo hagan suyo también.

[
Las fotos muestran lo más importante: Ese día todo cambió porque Dios nos unió como familia.
]

Cuando mis hijos David y Julia ven el collage de fotos del día que tenemos en nuestra sala. Ellos pueden reflexionar porque las fotos muestran lo más importante: Ese día todo cambió porque Dios nos unió como familia. Lo demás son solo detalles de una bella historia de redención. Mis hijos han adoptado esas fotos como sus victorias.

Cuando estés organizando y creando tus victorias asegúrate de invitar a los que participaron de la experiencia contigo a ser parte del proyecto. De esa manera, incrementas su motivación a ver el mismo lado de la historia y tal vez, luego, cuando tengan una noción más real de lo que estás haciendo, los motives a hacer lo mismo

[
Los líderes les dejan testimonio a las generaciones venideras para que aprecien las bondades pasadas de Dios en su vida.
]

Los líderes les dejan testimonio a las generaciones venideras para que aprecien las bondades pasadas de Dios en su vida. Por ejemplo, Samuel dejó esas piedras no solo para su vida, sino para la vida de todo israelita que vino después de él. Samuel le dejó a su generación venidera una oportunidad de enseñarles a sus hijos acerca de los detalles de una victoria que hoy aún pueden disfrutar.

Samuel le dio el nombre de Ebenezer a la piedra que colocó en reconocimiento de la ayuda de Dios al derrotar a sus enemigos. Por eso, te invito a que tú levantes también los «Ebenezer» en tu hogar. Que levantes un monumento que glorifique el nombre de Dios y que sea un símbolo que establezca un precedente que motive a todos lo que lo vean a hacer lo mismo. Un monumento que te permita recordar la ayuda de Dios en el pasado y que le diga a tu futuro la esperanza que hay en ti. Al final, ese monumento lo apreciarán las generaciones venideras.

Todo lo que has hecho por mí, SEÑOR,
¡me emociona! Canto de alegría por todo
lo que has hecho. ¡Oh SEÑOR,
qué grandes son tus obras!

SALMO 92:4-5

Medítalo...

Levanta un símbolo que te recuerde la provisión de Dios en el pasado y te llene de esperanza para el futuro.

Mis confesiones...

_____

_____

_____

_____

LA PREGUNTA
más importante
no es que descartar,
MÁS BIEN ES
que atesorar.

- Rebeca Segebre

Mi tesoro es:

_____

_____

El símbolo que representa mi tesoro es:

_____

_____

_____

11

MI PASADO SE QUISO INTERPONER EN MI FUTURO

Confieso que muchas veces las circunstancias han querido manchar la historia de mi vida.

¿Estás pasando por una situación difícil en tu matrimonio en la que tal vez ya no sea tan divertido estar juntos, y los conflictos sean el denominador común de todos los días?

En cuanto a mí, quiero vivir mis aparentes derrotas de la vida sabiendo que en la vuelta del camino construiré un monumento de gratitud. Aunque esté viviendo un capítulo de mi vida donde tal vez otra mujer vería las cosas de diferente manera, de acuerdo con las circunstancias, he decidido celebrar ahora mismo mis victorias. Mi pasado no tiene que interponerse a mi futuro.

> **En el matrimonio debemos ir al pasado para solo recordar nuestra época de novios, amigos, las cosas buenas que queremos recuperar.**

En el matrimonio, en particular, debemos ir al pasado para solo recordar nuestras épocas buenas, las cosas buenas que queremos recuperar.

Las parejas deben cultivar esa clase de amistad que los hace más leales que un hermano. Cuando estoy en compañía de mi hermano de sangre, muchas veces nos reímos sin hablar porque nos conocemos tanto que a veces sabemos lo que piensa el otro con solo una mirada.

La amistad entre hermanos se va desarrollando debido a la cercanía que se tiene cuando vamos creciendo en el mismo hogar y la amistad en el matrimonio, de igual manera, hay que desearla y cultivarla. Esta amistad es la que nos permite expresar nuestras cosas íntimas el uno con el otro.

Por eso he decidido que voy a tratar a mi esposo como a un buen amigo. ¿Qué cosas se le dice a un amigo? ¿Qué palabras se escogen? ¿Qué cosas le dejo pasar solo para no pelear?

Una vez escuché a alguien decir que lo impresionante de la belleza de la nieve es ver lo que Dios puede hacer cuando junta muchos copos de nieve. Los copos de nieve son muy pequeños, pero si los ponemos juntos, pueden detener el tráfico. Lo mismo sucede con nuestra historia familiar. Cuando unimos esos pequeños momentos que la forman, nos hablan a montones de la presencia de Dios en nuestras vidas y de lo hermoso que es vivir en familia tomados de su mano.

> **Te aseguro que cada victoria que se pueda contar, y de la cual estamos agradecidos, es un testimonio de unidad y cooperación entre individuos con Dios.**

Además, si usamos fotos para conmemorar esos momentos de unidad que hemos disfrutado, podemos darnos cuenta de la cantidad de personas que han cooperado con nosotros para construir ese «lugar» que disfrutamos hoy.

Te aseguro que cada victoria que se pueda contar, y de la cual estamos agradecidos, es un testimonio de unidad y cooperación entre individuos con Dios.

De la misma manera que la historia de nuestras vidas

se puede contar con pequeñas partes, como el copo de nieve, también nuestras historias de victorias están llenas de trabajo en equipo y cooperación.

Cuando estemos pasando por dificultades, debemos recordar la compañía y los milagros de Dios en el pasado para hablarle a nuestro futuro y decirle quién es el que nos acompaña. Él es el que te sostiene «de tu mano derecha» y te dice: «No tengas miedo, aquí estoy yo para ayudarte» (Isaías 41:13).

> **Hoy trabajamos y tenemos nuestros desafíos, pero cuando recordamos la bondad de Dios, logramos decidir con qué expectativa podemos y debemos esperar nuestro futuro.**

La Biblia nos cuenta que el profeta Samuel caminaba entre piedras simbólicas todos los años. En su recorrido le aseguraba a su «futuro» que el mismo Dios que le dio la victoria y lo ayudó a realizar su trabajo de juez en Israel en el pasado, estaría a su lado en el futuro. Hoy trabajamos y tenemos nuestros desafíos, pero cuando recordamos la bondad de Dios, logramos decidir con qué expectativa podemos y debemos esperar nuestro futuro.

Yo confío en ti, oh SEÑOR, digo:
«¡Tú eres mi Dios!».
Mi futuro está en tus manos.

SALMO 31:14-15

Medítalo...

Construye un monumento de gratitud a Dios aunque todavía no haya llegado la solución a tus dificultades.

Mis confesiones...

_____

_____

_____

_____

_____

_____

_____

_____

_____

_____

_____

_____

GRATITUD ES
LA ACTITUD POSITIVA
EN ACCIÓN.

*Mientras respiro
inhalo calma
y exhalo una sonrisa
al sentirme
agradecida con Dios.*

- Rebeca Segebre

Me comprometo a crear una lista todos los días de las cosas por las que me siento agradecida.

_____

_____

_____

_____

12

HE PASADO LA VIDA ANSIOSA, NERVIOSA Y PREOCUPADA

Confieso que muchas veces la ansiedad se me ha notado en el ceño fruncido que ha marcado mi rostro.

El trabajo para una compañía de cruceros, en el área de tecnología, tenía sus ventajas. Mi esposo, mis hijos y yo tomamos un crucero gratuito que pagaba la compañía a fin de que nos familiarizáramos con la industria y la manera de funcionar las cosas en alta mar.

En uno de los días a bordo, me enteré que en ese crucero en particular tenían a un médico en el balneario haciendo tratamientos faciales para las arrugas. Así que decidí usar mis credenciales de trabajadora y visité el balneario para hacerle unas cuantas preguntas al médico. Todo se debía a que siempre quise saber si para mi edad estaba muy arrugada o no.

—Doctor, me gustaría saber qué ve en mí que necesita arreglo.

Así que este médico, de unos sesenta y cinco años de edad, me miró muy fijo al rostro, me pidió que hiciera unas cuantas muecas y dio su veredicto:

—Lo único que necesita trabajo es el ceño...

—¡Ah! —solo atiné a decir, y su siguiente comentario me hizo sentir avergonzada delante de Dios.

—En toda mi práctica de médico cirujano, nunca he visto un músculo de la preocupación tan fuerte como el suyo.

(Entre paréntesis, no mires la foto de atrás del libro. Casi siempre los diseñadores de las cubiertas me borran la marca de entre las cejas).

Así que me enteré que mi preocupación por mis arrugas tenía fundamento: Mi problema de preocupación se me nota en el rostro. Entonces, ¿de qué se preocupa una mujer positiva? ¡De todo aquello que su mente percibe como emergencia o una amenaza a su vida! ¿Por qué se deja llevar por la ansiedad? Por lo que permite que se enfoque su mente.

> **Hoy, estoy convencida de que la ansiedad es una enfermedad curable. Tengo un trabajo que hacer y es el de conservar la calma y mantenerme en movimiento hacia adelante.**

Hoy, estoy convencida de que la ansiedad es una enfermedad curable. Tengo un trabajo que hacer y es el de conservar la calma y mantenerme en movimiento hacia adelante.

Pongan todas sus preocupaciones y ansiedades en las manos de dios, porque Él cuida de ustedes. 1 Pedro 5:7

Creo que ha habido una especie de confusión en nuestra cultura, donde las personas creen que tienen que estar ansiosos, tensos y siempre en movimiento para ser efectivos. Este frenético competitivamente de nuestra cultura, hace que la gente sienta desesperación. Solía ser que el trabajo terminaba cuando uno llegaba al hogar. Ahora tenemos los dispositivos celulares y computadores que hacen que el trabajo de la oficina nos siga a todas partes. El cuerpo está diseñado para estar en actividad y después tomar un tiempo para recuperarse. La gente en nuestros tiempos no tiene ningún tiempo de recuperación debido a la invasión de nuestro espacio.

Debido a que la vida quizá nos traiga muchos motivos de preocupación, como es mi caso, todos de alguna manera tenemos que aprender a manejarlo:

- El ejercicio es importante. No solo porque las endorfinas corren por el organismo haciéndonos mucho bien. Si camino unos 40 minutos en el parque de ejercicio por 3 días consecutivos me ayuda a reducir el impacto del estrés del día a día.

- La dieta y el dormir bien son también esencial.

- También he trabajado el estrés con ejercicios de respiración y de contemplación plena como el colorear mi libro de Afirmaciones Divinas.

LA VIDA FELIZ ES... REVOLUCIONARIA FRENTE AL DOLOR Y LA DEPRESIÓN

No ignores los síntomas. Nuestra mente y nuestro cuerpo nos dicen cuando se sienten estresados. Escucha lo que te dice ese fuerte dolor de cabeza o esa noche de insomnio. Pregúntate que es lo que te tiene estresado.

El responder esta última pregunta es lo que realmente nos acerca a la sanidad. Si sientes que es tu trabajo, comienza a hacer planes para cambiar algo. Si es tu matrimonio, inscríbete para recibir consejería. Si son tus hijos busca ayuda en la escuela o en un profesional.

Entender que si sientes dolor, puedes buscar la herida. El dolor es una respuesta del cuerpo a algo que está sucediendo. Buscar la razón del dolor y no solo tratar de aplacar o denigrar del mismo, ha sido una perspectiva revolucionaria en mi vida.

CADA VEZ QUE SIENTO DOLOR TENGO LA OPCIÓN DE PLANTEARME ESFUERZOS PARA REALIZAR UN RETORNO AL EQUILIBRIO:

- He aprendido que la información nos ayuda a sanar porque nos da opciones.

- Nunca te comprometas permanentemente en una situación que te está estresando, toma medidas para el cambio.

- Comprender que lo que necesitamos no es razonar nuestras circunstancias, lo cual trae ansiedad, sino discernir lo que Dios hace en nosotros mediante lo que atravesamos, mientras esperamos recibir una salida en bienestar.

> **Comprender que lo que necesitamos no es razonar nuestras circunstancias, lo cual trae ansiedad, sino discernir lo que Dios hace en nosotros mediante lo que atravesamos, mientras esperamos recibir de Él una salida en bienestar.**

Recuerdo el día que vi a una amiga tan triste que me encontré ensayando lo que iba a hacer y decirle: «Me acercaré, le pondré la mano en el hombro y le diré: "Todo va a estar bien"». Entonces, recordé que eso no es lo que necesita escuchar el corazón de la mujer. Lo que le hace falta escuchar es que ella estará bien.

Tal vez las cosas no van a estar bien, pero no se tiene que quebrantar por estar atravesando esa circunstancia, ni tiene que secarse y morir. Puede creer que el túnel que está atravesando no es su residencia permanente que no tiene que mirar a las sombras que se forman dentro de ese túnel con miedo. Ella puede simplemente caminar con gallardía hacia delante, salir y permanecer esperanzada en lo nuevo que viene al salir de esta etapa oscura de la vida.

En cuanto a mí, yo observo los pájaros, pues son como un símbolo de la presencia de Dios en mi vida y porque me permite ver que no hay nada el mundo por lo cual estar ansiosos.

El día que moriría mi preciosa princesa de 15 años, mi perrita Lola, un grupo grande de pájaros verdes llego a mi encuentro en frente de mi carro parqueado a un lado de la carretera mientras pedía a Dios dirección de qué hacer. Así que tome la dirección al parque donde me encuentro con estos bellos pájaros en mis mañana de caminatas y allí me sentí en casa para despedirme de ella.

Pronto lo que inundo mi corazón fue un sentimiento de profunda gratitud a Dios por el regalo maravilloso de la vida de mí adorada Lola y su compañía. Los pájaros me dirigieron al mejor lugar para la ocasión.

Esto fue para mí un momento milagroso, desde el lugar físico, lo que me rodeaba y los sentimientos que me acogieron y sustentaron a mi espíritu. Aun lloro al recordar. Hace poco regrese al parque y los pájaros me rodearon y cantaron. Parecían recordarme.

SÁLVATE DEL ESTRÉS

Antes de que la tensión comience a afectar tu cuerpo, aprende como mantener la calma y actúa en ello:

- Camina en el parque oxigenándote del aire de los árboles.
- No leas tus emails por unas cuantas horas.
- Prepárate un licuado, ya sea un jugo verde con espinacas o un delicioso batido con bananas.
- Llora por un momento. Permítete llorar para que las lágrimas dejen salir el estrés.

Miren los pájaros.
No plantan ni cosechan ni guardan comida en graneros,
porque el Padre celestial los alimenta.
¿Y no son ustedes para él mucho más valiosos que ellos?
¿Acaso con todas sus preocupaciones
pueden añadir un solo momento a su vida?

MATEO 6:26-27

Medítalo...

Rechaza la ansiedad y el temor y permite que el amor de Dios goce de la preeminencia en tu vida.

Mis confesiones...

_____

_____

_____

_____

_____

_____

_____

_____

DÍA___/___/___

Busca un lugar en la naturaleza donde puedas caminar por lo menos unos 10 minutos. Relajate, toma pasos cortos, sonrie y abre tu corazón al amor de Dios. Experimenta el movimiento de tu cuerpo inhalando y exhalando notando el rito de tu respiración.

Permite que los pensamientos negativos (PAN) se vayan mientras caminas. Escucha tu corazón y lo que el amor te inspira a crear hoy.

Escribe como te sientes ahora:

_____

_____

_____

_____

_____

_____

_____

13

LA COMIDA FUE TAMBIÉN UN FALSO REFUGIO

Confieso que muchas veces he buscado compañía en un plato de comida.

La comida puede convertirse en un «buen» dios. Es decir, un dios agradable y que te satisface muchas veces al día. Si le permites a la comida ser tu dios, no te pedirá mucho, pues no la rechazan en las esferas religiosas y no necesitas mucho para dejarla satisfecha. A muchas mujeres, el «dios comida» les ha vendido la mentira de «no importa si no tienes relación sexual con tu esposo, la comida es un buen sustituto del placer». Es más, la comida se disfraza para enviarnos el mensaje de que es un buen lugar para encontrar consuelo y bienestar.

> **La comida se disfraza para enviarnos el mensaje de que es un buen lugar para encontrar consuelo y bienestar.**

Ah, ¡y este tema que estoy tratando no es para las gorditas! Hay muchas que están a dieta y el dios estómago es el «material» constante en sus mentes: ¿Qué voy a comer en el almuerzo? ¿Qué comeré en la cena? ¿Qué tendré para el desayuno? Estas son las únicas preguntas relevantes en sus días.

El dios estómago, o el dios comida, es uno al que llamo «toma todo», porque arrebata cada uno de tus deseos, tus pensamientos, tus momentos de ocio y tu tiempo con la familia y con tu cónyuge.

Es un dios «controlador» que se mete por donde puede para dominarlo todo. Cada una de nosotras es susceptible a este dios. Es un ídolo ante el que se inclina nuestra sociedad siempre que se ve en problemas.

En cierta ocasión, paseaba por el bulevar de una ciudad turística cercana a donde vivo con mi familia y sentí que sucedía algo más de lo que podían captar los ojos. Sentía como si abundaran los vicios por los alrededores. Tal vez se tratara de personas vendiendo drogas o abusando del alcohol. Sin embargo, lo único que podía ver era la gente que comía en los restaurantes.

Me pregunté el porqué de mi incomodidad, sabes el hecho de que en nuestra sociedad los restaurantes son el sitio de socializar, pero se come rápido, existen muy malas selecciones, y cuando comemos, no colocamos la atención en el hecho en sí, por lo cual no lo disfrutamos a plenitud. Las personas hacemos unas 200 decisiones diarias relacionadas con la comida o bebida, es imposible no pensar en ello, pero nos haría una gran ayuda el poder estar presentes con nuestra mente y consciencia una vez que nos sentamos a comer.

[
Cuando atravesamos situaciones difíciles, es natural querer buscar bienestar a nuestras carencias y la comida tiene ese don de ofrecernos consuelo.
]

Cuando atravesamos situaciones difíciles, es natural querer buscar bienestar a nuestras carencias y la comida tiene ese don de ofrecernos consuelo. Aun así, la Biblia dice que «Dios es nuestro Padre misericordioso y la fuente de todo consuelo» (2 Corintios 1:3). Por lo tanto, cuando llegue el dolor, no nos aferremos a la comida. La comida es buena para sustentar el cuerpo pero es un muy débil dios.

Creo que todos sabemos que la obesidad no es buena para la salud y mucho menos para la salud sexual. Lo que es más, la obsesión por complacer nuestro estómago con alimentos se puede convertir en un verdadero obstáculo para el bienestar emocional de una persona. El ocio y la comida son buenos compañeros y tienen atrapadas a las personas de los Estados Unidos de tal manera que están destruyendo su salud.

Hace unos años vi en la televisión un programa especial en el que se retransmitía un evento en vivo en los años 1950. Dos cosas me sorprendieron: el mar de gente que estaba en el evento, y que casi todos eran delgados y altos. Algo ha sucedido en los Estados Unidos y parece que el exceso de alimentación nos ha dejado gorditos. Hoy en día, las esposas de presidente de los Estados Unidos tienen entre sus trabajos lidiar con la obesidad y la diabetes de los niños en edad escolar debido al excesivo consumo de azúcar.

Las escuelas públicas estadounidenses les ofrecen a los niños lo que llamo «cartón» por comida, pues los ingredientes no son naturales y nadie puede explicarte su contenido. Además, cuando una persona como yo, que está acostumbrada a comer verduras y frutas y a tener una dieta balanceada, prueba la comida de los colegios, te sabe a cartón. Esto es casi peor que la poca alimentación que tienen los niños que viven en precarias condiciones en el África.

Sin duda, la comida es una bendición de Dios. En mi caso, sé de primera mano la importancia de la buena alimentación porque cuando adoptamos a nuestros hijos David y Julia, de orfanatos de Rusia, venían mal alimentados y con muchas deficiencias en sus cuerpos. En casa, desde el principio, armamos todo un plan para la alimentación de nuestros hijos con el fin de nutrirlos.

Los expertos le llaman a la nutrición el «súper factor». Es decir, la nutrición es el factor más importante y primordial en el desarrollo de una persona y esto incluye tanto la nutrición emocional y espiritual como un buen aspecto físico. Por eso podemos decir que la buena alimentación es muy importante y una indicación de bendición.

LA MUJER DE ACTITUD POSITIVA Y SUS PENSAMIENTOS SOBRE LA COMIDA

La buena alimentación es muy importante y una indicación de bendición:

1- Creo que una de las primeras características de la prosperidad y la bendición es poder estar satisfechos y tener suficiente para comer y beber.

2- Como quizá sepas, también el bienestar se relaciona a que tan virtuosas somos en la provisión de una buena alimentación para nuestra familia.

3- La mesa de una mujer con mentalidad de bienestar, es variada y tiene una buena selección. Si alguien de la época de Cristóbal Colón, se sentara a mi mesa, es posible que pensaría que hice muchos viajes para poder encontrar los ingredientes de uno de mis platos. Asegúrate de usar especies, hierbas al igual que proteína de buena calidad.

4- La mujer de actitud positiva puede confiar en sus decisiones y decir: "yo decido comer de una manera que nutra mi cuerpo y mi espíritu"

5- La buena alimentación también tiene que ver con disfrutar del momento que escogemos para comer.

Aun si estamos en el trabajo y es hora de tu almuerzo, sal de tu oficina, ve al comedor o camina a un parque cercano y siéntate a comer lo que te preparaste en casa. Disfruta tu alimento pensando en lo que estás haciendo y saborea cada bocado.

6- Siéntate a comer, no comas de pie. Esto también es bienestar. Sentarse y darle lugar a los alimentos y permitirle a tu mente captar esos momentos y alimentos, evitara que más tarde quieras comer solo por comer.

La comida es importante, sin embargo, la cocina no es lo que le da sentido a mi vida. En la película «Julie y Julia», por el contrario, encontramos algo diferente. Basada en dos historias reales, esta película describe a una joven de Nueva York, Julie Powell, que encontró el significado de la vida siguiendo las recetas de Julia Child. Así que Julie decide aprender a cocinar a su manera con la legendaria cocinera Julia, quien le sirvió de inspiración para cocinar hasta quinientas veinticuatro recetas en trescientos sesenta y cinco días.

Durante el año como alumna de Child, Julie escribía cada día sus experiencias en un boletín electrónico que ganó múltiples adeptos. Al final, recibió la invitación para que escribiera un libro e hiciera una película para el cine.

Julie encontró el propósito de su vida siguiendo las recetas de cocina de Julia Child. Además, en su primer escrito en la Internet escribe la razón de su proyecto: «Estoy demasiado vieja para el teatro, demasiado joven para tener niños y demasiado amargada para cualquier otra cosa». En su desesperación como oficinista frustrada, Julie Powell buscó un desafío y vertió todas sus frustraciones en ese proyecto relacionado con la comida.

> **Es evidente que la comida es un regalo de Dios que muchos han pervertido colocándola en la posición de dios.**

Es evidente que la comida es un regalo de Dios que muchos han pervertido colocándola en la posición equivocada. Aún en los círculos religiosos más ortodoxos, la adicción a la comida es tolerable, por lo que no es algo ilegal y es socialmente aceptable.

Yo conseguí problemas de salud debido a que las personas con las que vivía en mi pasado comían demasiado. Solo ver sus platos repletos de comida me hacía sentir muy mal. No podía tragar mi propia comida. Nadie nunca criticó el hecho de comer como salvajes pero si me notaban con ojos de sorpresa el hecho de ser tan susceptible a la escena.

Como ves, el dios comida nos puede llevar a construir la lápida de nuestra tumba con nuestros propios dientes, a la vez que nos ofrece consuelo y hasta propósito para nuestra existencia.

No obstante, cuando llega el sufrimiento, nuestra actitud negativa ante los problemas nos invita a que nos conformemos con encontrar refugio en la comida. Por eso hoy te invito a que tengas una actitud positiva: la próxima vez que vayas en busca de consuelo, ánimo y fortaleza, te refugies solo en Dios.

> Tú me satisfaces más que un suculento banquete;
> te alabaré con cánticos de alegría.
>
> SALMO 63:5

100

Medítalo...

Decide que Dios sea la fuente de la verdadera esperanza en tu vida y que no necesitas buscar en la comida a un falso consolador. Tu intención frente a la comida sea siempre positiva, añadiendo los nutrientes para tu bienestar físico y emocional.

Mis confesiones...

_____

_____

_____

_____

_____

_____

_____

_____

_____

_____

_____

Practicar el placer de comer
aumentando nuestro bienestar es:
Comer en familia,
juntos en la mesa y a la misma hora.
Comer para nutrirnos y
tener energía positiva.
Comer sólo hasta que estamos
saciados y no repletos.
Saborear los alimentos,
estar presentes mientras comemos.

¿Qué buena experiencia tuviste hoy al comer?

_____

_____

_____

_____

_____

14

ME SENTIDO DESPRECIADA, ABANDONADA E INCOMPRENDIDA

Confieso que muchas veces he pensado
que no me tienen en cuenta.

Hace poco tuve la oportunidad de visitar por primera vez Israel, la Tierra Santa. Visité diversos lugares con un encanto extraordinario, desde Cesarea, el gran puerto romano y una de las mayores excavaciones arqueológicas en Israel, hasta Meguido, una fascinante colina con veinticinco civilizaciones antiguas superpuestas una sobre otra en lo que hoy solo les parecen ruinas a los que van sin un guía. Visité también la moderna ciudad de Tel Aviv, la capital comercial de Israel que es, además, el centro cultural y un destino turístico perfecto, ya que se encuentra en el mar Mediterráneo.

Sin embargo, mi viaje a Israel no fue solo la experiencia habitual de una turista en tierras extranjeras. Para mí fue toda una aventura en la que después de doce horas de viaje sentí como si hubiera llegado a mi casa. Se trataba de una sensación agradable, si analizáramos las situaciones difíciles que vivía en esos días.

Estábamos sentados en la mesa esperando al alcalde de Jerusalén para hacerle una entrevista. Luego, de allí seguiríamos al jardín de la tumba, donde le pregunté al Señor que diera algo nuevo concerniente a su pasión, así que abrí la Biblia en el Salmo 22. Allí vi a David derramar su alma en desesperación, pues su corazón se siente abandonado cuando exclama:

Dios mío, Dios mío, ¿por qué me has abandonado?
¿Por qué estás tan lejos cuando gimo por ayuda? Salmo 22:1

Por este pasaje, es evidente que David se sentía abandonado por Dios. Si leemos el resto del capítulo, vemos un David que le reclama a Dios por estar distante, por no tener en cuenta su llanto y por no contestar el llamado claro de ayuda que decía elevar hasta tarde en la noche. Es como si David dijera: Sé que me escuchas, pero no hay para mí descanso. Por lo tanto, me rechazas.

Jesús, cuando ya estaba listo en la cruz para dejar ir su alma a la muerte, escogió las palabras de David en el Salmo 22 para decirnos cómo se sentía: *Dios mío, Dios mío, ¿por qué me has abandonado?* *Mateo 27:45*

[
Jesús experimentó literalmente lo que una vez creyera sentir David: Sintió el desprecio y el abandono de Dios sobre su vida para que tú y yo no tuviéramos que sentirlo jamás en las nuestras.
]

En realidad, Jesús experimentó literalmente lo que una vez creyera sentir David: Sintió el desprecio y el abandono de Dios sobre su vida para que tú y yo no tuviéramos que sentirlo jamás en las nuestras. En el Salmo 22, David no solo profetizaba lo que diría Jesús un día en la cruz, sino que sentía en realidad el dolor y la desesperación por el abandono a las circunstancias de su vida.

Cuando Jesús usó las palabras de David, fue para decirnos que nos entiende si nos sentimos abandonados, que sabe lo que es estar en nuestros zapatos y que pasó por el abandono más profundo para que nosotros nunca tuviéramos que pasarlo. El muy conocido Salmo 23 puede entenderse mucho mejor a la luz de las circunstancias de la vida de David en el Salmo 22 cuando dice sentirse abandonado.

A decir verdad, en el umbral de la oscuridad de la noche de nuestras circunstancias, podemos amargarnos y llenarnos de ira y resentimiento, sobre todo cuando pensamos que nadie entiende nuestro dolor. Justo allí libramos una batalla donde necesitamos aprender a hablar diferente para romper las fuerzas de las tinieblas.

Asimismo, las circunstancias difíciles son también una invitación para conocer a un Dios que es nuestro Pastor, aquel que está con nosotros aun cuando caminamos por el valle de la muerte. En la cruz, Jesús ya caminó por el valle de la sombra y, por eso, Él nos puede tomar de la mano para guiarnos en cada uno de nuestros problemas.

> **En la cruz, Jesús ya caminó por el valle de la sombra y, por eso, Él nos puede tomar de la mano para guiarnos en cada uno de nuestros problemas.**

Si hoy estás pasando por una situación difícil y te sientes abandonada, te invito a que ores conmigo esta paráfrasis del Salmo 23: «Señor, confieso hoy con mis labios que tú eres mi Pastor y en ti tengo todo lo que necesito. Tú me permites descansar en pastos verdes y me guías a corrientes de aguas apacibles. Tú renuevas mis fuerzas y me guías por el buen camino. Confío en ti en esta circunstancia y sé que no seré avergonzada».

> Oh SEÑOR, te entrego mi vida.
> ¡Confío en ti, mi Dios!
> No permitas que me avergüencen [...]
> Nadie que confíe en ti será jamás avergonzado.
>
> SALMO 25:1-3

Medítalo...

Recuerda que Jesús es el Buen Pastor que no te desampara y que te guía por el buen camino.

Mis confesiones...

_____

_____

_____

_____

_____

_____

_____

_____

_____

_____

_____

TU VERDADERO SER
ESTÁ CONECTADO A TU CREADOR Y
ÉL ES QUIEN TE DEFINE.

Repite estas afirmaciones Divinas:

Yo soy apreciada

Yo soy aceptada

Yo soy comprendida

Yo soy Completa

15

Me he sentido defraudada por mis amigas

Confieso que muchas veces he deseado ser parte esencial de mi círculo de amigos.

En nuestras amistades tradicionales experimentamos todo tipo de fraudes. ¿A quién no le ha sucedido que una amiga nos invita a la fiesta por su futuro bebé y nos sentimos súper honradas, así que nos decimos: «No sabía que me consideraba parte de su círculo más cercano». Entonces, cuando llegamos a la fiesta, nos enteramos que el día anterior fue la fiesta principal para el círculo más cercano y que hoy, ya con cansancio y sin ganas, tu amiga decidió tener esta fiesta adicional para todas las demás personas que son solo «conocidas».

Más de una vez me he sentido defraudada por algunas que decían ser mis mejores amigas. ¿Te ha sucedido que cuando una de tus mejores amigas se casa y te dice que debido al presupuesto de la boda solo hay cincuenta invitaciones para su fiesta y tú no eres una de ellas? Con Dios, nunca nos sucederá eso.

Él tiene lugar para todos en sus banquetes. Y aunque tú solo tengas un pesebre que darle cuando lo invites a que te visite, Él no va a despreciarte. Aun más, Él te ofrece el cielo cada vez que planea una fiesta.

Pero es importante tener conexiones … solo que maneja tus expectativas

No es lo mismo una amiga de 5000 en tu Facebook….

ESTA ES UNA LISTA DE EJEMPLO DE CÓMO INVERTIR EN CONEXIONES SOCIALES QUE SEAN DE BIENESTAR

1. Programa tiempo, con una persona importante en tu vida con la intención de estrechar lazos de amistad. ¿Hay alguien en tu vida a quien no le hayas dado tiempo últimamente? Si esta persona es tu amigo de la universidad o tu cónyuge, haz un esfuerzo consciente de crear tiempo para que esta persona se conecte en un nivel profundo contigo.

Tal vez quieras llevar a una amiga o mentora a almorzar. Tal vez quieras programar un día específico durante la semana para tener una conversación de corazón a corazón con tu pareja actual. Las personas que están solas o en relaciones infelices sufren graves efectos nocivos, incluyendo depresión, ansiedad, celos, estrés y problemas de salud.

2. Expresa tu admiración, aprecio y afecto por alguien que está cerca de ti. ¿Tu compañero de cuarto siempre hace los platos sin queja? ¿Tu mejor amigo te escucha tus problemas de trabajo con compasión? Realiza una acción para comunicar tu admiración y gratitud la próxima vez que se vean. Puede ser tan simple como enviarle una tarjeta o hacerle un favor sin que te lo pida.

3. Haz tiempo para las interacciones sociales. Mostrar interés por otras personas y participar en actividades que fomenten amistades. Con tus amigos más cercanos, puedes programar una cena semanal, o una excursión mensual. Entre mis amigas tenemos los martes en la noche donde sabemos que a las 7:00Pm podemos ir y compartir las unas con las otras. Si deseas formar nuevas amistades, es posible hacerlo inscribiéndote para ser voluntario en causas dignas, asistir a más eventos públicos o unirse a clubes locales que se adapten a sus intereses.

Uno de mis mejores amigos lo conocí trabajando juntos para la campaña que realizo anualmente #DejaTuHuella. No importa qué estrategia elijas, la clave es tomar tiempo para estas cosas y así la soledad se convierta en algo del pasado.

4. Conscientemente celebra un reciente logro exitoso hecho por un ser querido o amiga. ¿Tu amiga recibió una promoción? ¿Compró una fabulosa casa? ¿Comenzó un emprendimiento? Únete a la celebración, haz un esfuerzo para mostrar que estas feliz por la persona.

Cada vez que tus amigos o seres queridos logren tener éxito en algo, se feliz por ellos y muestra ánimo. Esto debe extenderse a otras personas también - como compañeros de trabajo, conocidos y otros compañeros. Cuando te conviertes en una persona que anima a otras personas, es más probable que fomentes amistades en lugar de volverte envidiosa o sentirte amenazada por los logros de las otras personas.

5. Habla de tu vida interior más. Esto no significa que debes revelar todo acerca de ti o dar los detalles que solo te incumben a ti. Simplemente, haz un esfuerzo para comunicar tu vida interior con tus seres queridos y amigos. Esta interacción crea un sentido de intimidad entre dos personas.

Compartir tu vida interior puede significar una serie de cosas: como compartir tu sueño de infancia, admitir errores pasados y revelar ciertas inseguridades. Es una manera de mostrar tu verdadero yo, en contraposición a la cara pública que pones cuando estás cerca de personas que no conoces muy bien. También, demuestra atención y la compasión cuando otras personas abren su corazón y comunican su vida interior privada contigo.

Dios es el mejor amigo que una persona puede tener porque

no tienes que sufrir todas las inseguridades que tenemos con nuestros amigos de Facebook. Confiamos en su lealtad. No tienes que preocuparte de que tal vez pase por alto tus estados de ánimo que colocas como señal de la moral que tienes hoy en tu muro de Facebook. A Él le interesa todo lo que quieras contarle. Solo tienes que permitirle entrar.

El primer principio en una relación íntima con Dios es tener el deseo de conocerlo por encima de todo lo demás. Tú puedes tener una relación con Dios y puedes entender sus palabras porque Él te hablará con claridad y sencillez. En mi relación con Dios, Él siempre mantiene su lenguaje sencillo. ¿Qué dificultad le encuentras a estas palabras que Él me habló mediante la Biblia el día antes de que supiera que lo necesitaría?

Yo te sostengo de tu mano derecha; yo, el Señor tu Dios.
Y te digo: «No tengas miedo, aquí estoy para ayudarte».
Isaías 41:13

Dios nos llama a conocerlo para llegar a ser un testimonio a todos de que en verdad Él es amor. Si decidimos conocer a Dios en su Palabra, veremos lo sencillo y lo fuerte que es su mensaje. Por encima de las circunstancias que estés viviendo, esta verdad no cambia: Dios te ama.

[
Dios es el mejor amigo que una persona puede tener porque no requiere sufrir todas las inseguridades que experimentamos con nuestros amigos de Facebook. Confiamos en su lealtad
]

«Abraham le creyó a Dios, y Dios lo consideró
justo debido a su fe».
Incluso lo llamaron «amigo de Dios».

SANTIAGO 2:23

Medítalo...

Ten presente que la amistad con Dios está reservada para los que le temen y Él les habla de los secretos de sus promesas.

Mis confesiones...

_____

_____

_____

_____

_____

_____

_____

_____

_____

_____

"UN BUEN AMIGO ES COMO UN TRÉBOL DE CUATRO HOJAS, DIFÍCIL DE ENCONTRAR Y UNA SUERTE TENER"

- Proverbio irlandés

Escribe tu intención sobre cómo planeas invertir en conexiones sociales a partir de hoy.

Ejemplo: "Mi intención es escribir una carta a mano a un amigo con el que no he hablado en mucho tiempo y enviarla mañana".

_____

_____

_____

_____

16

He pensado que si cambian mis circunstancias, estaré bien

Confieso que muchas veces he pensado que cuando todo esté bien, seré feliz.

Hace un tiempo atrás estaba preocupada por un asunto financiero. Así que, de pronto, se afloraron dentro de mí las inseguridades. En esa época, tuve un sueño en el que me encontraba en otra casa y donde plantaba un jardín. Mi corazón estaba feliz, pero no estaba en mi casa.

En el mismo sueño, yo me despertaba y le contaba su interpretación a un amigo, que aún no logro saber quién era, y le explicaba: «Dios me dijo que si tengo que vivir en otra casa, me tomará cinco días para sentirme bien de nuevo y, luego, mi corazón estará tranquilo otra vez». Es como si en el sueño, estuviera recibiendo un mensaje que necesitaba, explicándome que las circunstancias negativas no se tienen que llevar lo que he construido muy dentro de mí.

Muchas veces pensamos que si cambian nuestras circunstancias, estaremos mejor y nos sentiremos mejor. Sin embargo, esta experiencia del sueño me enseñó, algo aún más importante: yo necesito saber que estaré bien, que no me voy a quebrantar, que las circunstancias no me van a dejar destruida. Es más, que "todo lo puedo hacer por medio de Cristo, quien me da las fuerzas" (Filipenses 4:13)».

> Muchas veces queremos escuchar
> que todo va estar bien, pero la mente
> que tiene verdaderamente una actitud positiva
> nos dice: «Tú vas a estar bien».

Muchas veces queremos escuchar que todo va estar bien, pero la mente que tiene verdaderamente una actitud positiva nos dice: «Tú vas a estar bien».

El gozo que has alcanzado no se va a ir... es permanente. Así que no te dejes robar la paz. Él es el que te toma de la mano derecha y te dice: «No tengas miedo, aquí estoy para ayudarte» (Isaías 41:13).

Este sueño me enseñó que no tengo que esperar a que cambien las situaciones a mi favor para tener contentamiento. En realidad, las circunstancias pueden cambiar en forma negativa y todavía puedo seguir en paz y con gozo.

> **Las circunstancias pueden cambiar en forma negativa y todavía puedo seguir en paz y con gozo.**

La palabra «contento» significa sentirse satisfecho. El descontento, en cambio, es una actitud destructiva porque nos lleva a querer actuar como es debido solo cuando las cosas están bien o nosotros nos sintamos bien. Por eso, ahora quiero presentarte algunos ejemplos de actitudes negativas que tomamos a la espera de que cambien las cosas para actuar bien. Esto, como es natural, se convierte en actitudes destructivas para la vida y las relaciones.

Así que analiza cuáles deben ser tus respuestas positivas ante cada situación:

ACTITUDES NEGATIVAS	RESPUESTAS POSITIVAS
- Esto es demasiado difícil - Tengo derecho a dejarme llevar debido a cómo me siento de vez en cuando. - ¡Quiero que la situación cambie ahora! - Tal vez si dejo a este esposo, me consigo uno millonario que me saque de todas estas penurias. - Si solo tuviera más dinero, una casa, un yate, todo estaría bien. - Si no tuviera que preocuparme por las actitudes de los demás, sé que estaría feliz.	- ¡Esto es un reto! - No puedo permitir que mis estallidos emocionales le roben la felicidad de mi vida. - La espera hace que se fortalezca mi carácter. - Aunque me gane la lotería con otro, prefiero vivir bajo el compromiso que hice ante Dios y no tirarlo todo a la basura. - Tener más cosas no es la respuesta, sino administrar lo que ya tengo. - Elijo ser feliz sin importar mi situación actual.

Medítalo...

Reconoce que el cambio de tus circunstancias no te garantiza que las cosas te irán bien y comprende que para ser feliz debes aprender a no posponer la felicidad a un momento en el futuro.

Mis confesiones...

_____

_____

_____

_____

_____

"Cuanto más lejos llego, más lejos quiero ir"

- Nasir Jones

¿A dónde quiero llegar hoy?

_____

_____

_____

_____

_____

17

NO TENÍA UN CAMINO

*Confieso que muchas veces no he definido las pautas
para la vida y esto me ha dejado confundida.*

Al levantarnos cada mañana, estamos frente a la gran
pregunta por cual camino transitaré hoy. En la vida
en general, uno de los peores errores que alguien puede
cometer es el de «no tener un camino». En varias ocasiones,
no tenemos un camino, sino que solo caminamos. Luego,
si vamos tropezando, nos levantamos y seguimos; y si nos
preguntan, ¿para dónde vas? Simplemente no sabemos.

> **¿Para dónde vamos?**
> **No sabemos, solo sabemos que hay que seguir
> andando por el mismo camino por el que hemos
> caminado siempre.**

Es lunes, y todos los lunes nos levantamos, nos arreglamos,
nos vamos al trabajo que tenemos, o si estamos en casa con
los hijos, los llevamos al colegio. Después, arreglamos la casa
y hacemos el almuerzo. Así que muy pronto llega la tarde,
descansamos de nuestras labores, decimos hasta mañana y
nos vamos a dormir. ¿Para dónde vamos? No sabemos, solo
sabemos que hay que seguir andando por el mismo camino
por el que hemos caminado siempre. Esta clase de vida sin
camino predeterminado y con la actitud de «lo que será,
será», puede conducir al ocio.

> **Muchas veces damos el control de nuestra vida
> al azar, a nuestro empleador, a nuestro esposo,
> a los hijos... ¡y se nos olvida que somos seres
> creados con responsabilidad individual!**

LA FALTA DE UN CAMINO ME LLEVÓ A LA DESESPERACIÓN

¿Cómo puedo parar esta rueda que parece girar sin mi permiso? ¿Cómo es posible que me encuentre atrapada aquí día tras día? Muchas veces damos el control de nuestra vida al azar, a nuestro empleador, a nuestro esposo, a los hijos... ¡y se nos olvida que somos seres creados con responsabilidad individual! En realidad a cualquier momento de la vida, delante de nosotros tenemos la muerte y la vida y Dios nos recomienda que debemos «escoger» la vida:

Hoy te he dado a elegir entre la vida y la muerte, entre bendiciones y maldiciones. Ahora pongo al cielo y a la tierra como testigos de la decisión que tomes. *¡Ay, si eligieras la vida, para que tú y tus descendientes puedan vivir!*
Deuteronomio 30:19

Si alguien tuviera que describir la naturaleza de tu alma, ¿qué métodos utilizaría? Creo que tendría que usar tus decisiones para detallarla. Recuerdo que cuando me mude a mi nuevo hogar después de un divorcio, las paredes eran blancas y el sitio un poco vacío Me sorprendí la necesidad que sentía de darle sentido aquel lugar y a mi vida colocando una serie de decisiones en forma de regulaciones sobre nuestra nueva vida.

> **He encontrado varios ejemplos en las escrituras que he catalogado para mi vida como pautas para el comportamiento práctico de un cristiano.**

De inmediato, lo relacioné con lo que había aprendido en mis estudios sobre la bondad de vivir con intención y tener por escrito una constitución. Es más, he encontrado varios ejemplos de esto en las Escrituras que he catalogado para mi vida como pautas para el comportamiento práctico.

Por ejemplo el Salmo 15, el cual cuando lo leemos, es como si pudiéramos describir la naturaleza del alma de David por las acciones que decidió tomar con antelación. David se trazó un camino y confeccionó un mapa. Por lo tanto, no tomó decisiones al azar.

Por ejemplo, en anteriores situaciones y momentos de mi vida, le he colocado la intención a mi papel de esposa y madre, y he decidido que quiero vivir mi vida tal y como aparece en el Salmo 15:2-4. Algo así, deseo ser de los que...

«Llevan una vida intachable y hacen lo correcto».
«Los que dicen la verdad con corazón sincero».
«Los que no se prestan al chisme ni le hacen daño a su vecino, ni hablan mal de sus amigos».
«Los que desprecian a los pecadores descarados, y honran a quienes siguen fielmente al Señor».
«Y mantienen su palabra aunque salgan perjudicados».

Con esto en mente, he decidido tomar este camino. Así que te invito a que tú hagas lo mismo y transformes este salmo en la constitución personal por la cual vivir tu vida en tu hogar y en tu comunidad.

> **Me gustaría invitarte a que elabores una constitución familiar.**

No obstante, me gustaría invitarte, además, a que elabores una lista de intenciones para tu vida familiar. ¡Sí! Que expreses tu intención como si fuese una constitución que contiene una serie de métodos o leyes con que te guiará al vivir una vida con actitud positiva.

Yo considero importante expresar por escrito nuestras intenciones, hablarlas en voz alta, compartirlas con los que habitan en tu hogar y que te ayuden en el caminar hacia adelante y que nos dirija en lo que concierne al comportamiento en nuestro hogar. Estas frases responden a la pregunta ¿Qué es lo que quiero ver en mi vida? ¿Qué cosas quiero que cambien? Para aclarar este concepto, te leeré la constitución que tengo escrita en mi pared. Leyendo del inglés estas disposiciones, nuestra constitución se lee así:

«Es mi intención llevar una vida
Agradecida
Feliz
Seré bondadosa y ayudaré
Seré Imaginativa
Amigable
Viviré de manera sabia y aventurera
Seré confiable y compasiva
Divertida y paciente
Perdonadora
Creativa».

Lo que no está escrito en mi pared pero es parte de mi constitución personal dice:
• «Viviré con integridad en mi propio hogar»
• «Buscaré a personas fieles para que sean mis amigos»

Todas estas frases son expresiones de compromiso personal que considero dignas de imitar. No sabes cuantas veces ese letrero era la única ayuda visual que podía darle a mis hijos para decidir por una actitud positiva frente a las circunstancias negativas que enfrentábamos. Muy gentilmente, dirigía toda nuestra atención, muchas veces con lágrimas en los ojos, y leíamos lo que de antemano habíamos decidido que reinaría en nuestras mentes y corazones.

Con mucha paciencia, tomamos decisiones que se ajustaran al letrero rojo de nuestra sala y no a las circunstancias. Así que, te invito a que escribas tu propia constitución y la coloques en un lugar visible en tu casa, como el comedor o la cocina, y convierte estas intenciones positivas en una declaración de la constitución que rige tu vida.

Me mostrarás el camino de la vida,
me concederás la alegría de tu presencia
y el placer de vivir contigo para siempre.

SALMO 16:11

Medítalo...

No vivas sin un camino o a la deriva, sino con intención. Busca pautas de comportamiento basadas en una actitud positiva hacia la vida y que sean prácticas y que traigan el éxito a tu vida y tus relaciones.

Mis confesiones...

_____

_____

_____

_____

_____

_____

INTENCIÓN ES DARLE ATENCIÓN
A TU ACCIÓN

Toma un momento para orar.
Cuando oramos estamos expresando
nuestra intención a Dios.
Antes de orar, con los ojos cerrados,
pregúntate:

¿Qué quiero? (Escúchate decirlo)
¿Qué quiere Dios de mí? (Escúchale
responderte)

_____

_____

_____

_____

_____

18

NO SIEMPRE HE TOMADO EL BUEN CAMINO

Confieso que muchas veces en la vida he estado tentada a tomar caminos basada solo en actitudes negativas.

En mi camino de aprendizaje de cómo lograr la felicidad, que es la actitud positiva y como vivir con intención, he aprendido que no podemos tomar decisiones cuando estamos teniendo en cuenta las circunstancias negativas del momento. En las encrucijadas de la vida, lo mejor es escoger el camino de la sabiduría basados en una misión personal que hayamos escogido de antemano y en basados en la respuesta al porque y para que existen tú y tu familia.

[
En las encrucijadas de la vida, lo mejor es escoger el camino de la sabiduría.
]

Ahora quiero contarte una historia que nos habla de la importancia de tener una misión clara para nuestras familias y prepararnos para cumplirla. Ingrid trabaja como líder de uno de los salones de belleza cerca de mi casa. Es viuda y, por consiguiente, madre soltera. Hoy, mientras me secaba el cabello, me contó lo siguiente:

—Mi hijo se graduó hace poco en la universidad de California.

—¡Qué gran logro! —le respondí.

—No tienes idea, Rebeca, lo que fue eso.

—Cuéntame, por favor —le dije mostrándome interesada.

—Cuando dio inicio la graduación, vi entrar a los setecientos muchachos, pero mi hijo no estaba en el grupo.

A continuación, ¡lo veo entrar junto con los profesores de la facultad y el orador de la noche, que era un gran señor!

—¿Qué hacía tu hijo con ellos?

—Mi hijo fue el único en setecientos muchachos que se graduó con los mayores honores esa noche. ¡Yo lloraba de la emoción! Lo veía... ¡y me parecía ver a su padre!

—¿Y qué le pasó a su padre?

—Su padre murió cuando mi hijo tenía casi once años de edad...

—¡Lo siento!

—Eso fue hace muchos años... ¡No sabes la cantidad de personas que me decían que no me quedara sola. Sin embargo, no quise añadirle más drama a mi familia.

—Entonces, ¿cómo lograste sobrepasar todos estos años?

—¡Me enfoqué en lo que mi esposo y yo teníamos planeado para nuestros hijos!

En ese momento, mi nivel de respeto hacia Ingrid subió y se me llenaron los ojos de lágrimas, pues esta mujer guardó en su corazón la visión que planeó con su esposo. Luego, quise saber más...

—¡Ah, pero cuéntame lo que sucedió después en la graduación!

—Lo mejor de todo es que cuando llamaron a mi hijo para darle su título, también les pidieron a sus padres que se levantaran... ¡y me puse de pie!

Cuando vi a Ingrid con el cepillo y el secador en las manos, esforzándose mucho y haciendo un buen trabajo, recordé su decisión por sacar adelante a su familia. Entonces, me dijo:

—¡Terminamos!

—¡Me gustó mucho cómo me dejaste el cabello!

—exclamé.

—Quedó así porque lo hago con amor

—me dijo sonriendo.

¿Qué creen ustedes que me decía?

¿Será que le tiene amor al cepillo, al dinero?

¿O será que es por su amor por lo que hace porque sabe lo que hace?

Es un regalo para mí encontrarme con esta mujer que se propuso ser una madre de verdad. También debo reconocer a ese padre que solo logró estar los primeros once años en la vida de sus hijos, pero los marcó con la visión que tenía para su porvenir.

LA VIDA FELIZ ES UNA VIDA CON PROPÓSITO

"Cada uno de nosotros está aquí por una breve
estancia; ¿con qué propósito?
no sabemos, a pesar de que a veces uno piensa que sí.
¿Nuestro propósito?
Sin más profunda reflexión, uno sabe de la vida diaria,
que existimos para otras personas - en primer lugar
para aquellos de cuyas sonrisas y bienestar depende
nuestra propia felicidad, y luego por los otros muchos,
a cuyos destinos nos unimos por lazos de simpatía."

Einstein

[
¿Qué es eso que te espera en tu futuro?
]

¿Qué es eso que te espera en tu futuro? Si fueras a crear una película de tu familia y tú fueras su productor, ¿qué escenas te gustaría incluir? Haz que esa película sea un éxito de taquilla y que muestre las virtudes, talentos y tu llamado de manera magistral. Ah! Y deja bien claro en los créditos que el Director General es Dios.

El SEÑOR es bueno y hace lo correcto;
les muestra el buen camino a los que andan descarriados.
Guía a los humildes para que hagan lo correcto;
les enseña su camino.
El SEÑOR guía con fidelidad y amor inagotable
a todos los que obedecen su pacto y
cumplen sus exigencias.

SALMO 25:8-10

Medítalo...

Permite que Dios te guíe en todo lo que hagas y
Él coronará de éxito tus esfuerzos.

Mis confesiones...

"Cada uno de nosotros está aquí
por una breve estancia;
¿con qué propósito? no sabemos,
a pesar de que a veces
uno piensa que sí.
¿Nuestro propósito?
Sin más profunda reflexión,
uno sabe de la vida diaria,
que existimos para otras personas,
en primer lugar para aquellos
de cuyas sonrisas y bienestar
depende nuestra propia felicidad,
y luego por los otros muchos,
a cuyos destinos nos unimos
por lazos de simpatía."
- Albert Einstein

¿Cuál es el propósito de tu vida?

_____

_____

_____

19
ME ATRAPARON LAS BALLENAS DE LA VIDA

Confieso que muchas veces me he sentido
atrapada en la desobediencia.

Talves ya conoces la historia de Jonas. A los niños pequeños les enseñamos esta historia porque uno de los problemas que Jonás tenía era la desobediencia y se lo tragó una ballena... Bueno, es cierto, la Biblia no dice que fue una ballena, sino «un gran pez» (Jonás 1:17). Sin embargo, la historia de este profeta es muy apropiada para demostrar el resultado de la desobediencia.

Mis hijos tienen cuatro y cinco años... la edad perfecta para entender el impresionante libro de Jonás, pues se les queda grabado en la mente. Es bien sorprendente lo que le pasó a este hombre... pero ya nosotros los cristianos creciditos sabemos que a todos nos puede pasar y que las «ballenas de Dios» toman toda clase de formas.

> **Los problemas de Jonás fueron el resultado de sus malas actitudes, sus decisiones y sus patrones de pensamientos errados.**

En el primer versículo del libro, se identifica de manera específica al profeta Jonás como su autor. Ahora bien, los problemas de Jonás fueron el resultado de sus malas actitudes, sus decisiones y sus patrones de pensamientos errados. La primera vez en que vemos a Jonás escoger bien es en el interior del pez, donde el profeta, ya desesperado, hace su confesión:

Entonces Jonás oró al SEÑOR su Dios desde el interior del pez y dijo: «*En mi gran aflicción clamé al SEÑOR, y él me respondió. Desde las tierras de los muertos te llamé, ¡y tú, SEÑOR, me escuchaste!* Jonás 2:1-2

Entre paréntesis, este pasaje sería una buena base para uno de mis próximos libros que tenga por título Confesiones de un profeta desesperado.

El libro de Jonás nos enseña que Dios no cambia su manera de pensar. Por lo tanto, nosotros hacemos lo que Él nos dice o permaneceremos miserables en el vientre de la ballena. El milagro no es que Dios nos saque de las circunstancias, sino que el paso por esas situaciones no nos haga iracundos. Sin duda, Jonás era un iracundo, pero vivió para contarlo y su vida y sus sufrimientos nos sirven hoy de ejemplo.

Jonás nos dice que todos somos susceptibles a que las malas actitudes nos lleven a decidir mal y a pagar las consecuencias.

Entonces, ¿quién fue Jonás? Fue un hombre al que Dios le hablaba y que por eso la Biblia lo reconoce como profeta. Un hombre que conocía la voz de Dios y él mismo también hablaba con Dios. Un judío escogido por Dios para rescatar a toda una ciudad. A pesar de eso, Jonás nos dice que todos somos susceptibles a que las malas actitudes nos lleven a decidir mal y a pagar las consecuencias.

¿En qué me parezco a Jonás? Bueno, todos entendemos que Jonás tenía actitudes erradas, porque las «confesó» en su libro. Así que creo que si podemos identificar ese tipo de actitudes, es por el simple hecho de que el profeta las pudo ver al final y plasmarlas como historias en su pequeño libro.

No obstante, recuerda que nos referimos a un hombre que tenía el privilegio de hablar con Dios. Y esta es la otra semejanza que tengo con el profeta: Conocía a Dios y Dios le hablaba, pero sus actitudes le hacían infeliz, iracundo y le llevaban a la frustración con facilidad. En mi caso, todas mis malas actitudes las experimenté aun conociendo a Cristo.

> **La verdad es que si nos humillamos en el interior del «pez» de nuestras circunstancias, Dios se encarga de llevarnos a un lugar donde puede restaurarse su voluntad para nuestras vidas.**

Un día, explicándoles a nuestros hijos la historia de Jonás, les decía: «A Jonás se lo tragó la ballena, pero la ballena le salvó la vida de ahogarse en el mar y también fue el medio, como el barco, que llevó a Jonás a un lugar en el que pudo escoger mejor.

La ballena lo vomitó justo donde quería Dios». ¡Qué maravillosa revelación recibí! La verdad es que si nos humillamos en el interior del «pez» de nuestras circunstancias, Dios se encarga de llevarnos a un lugar donde puede restaurarse su voluntad para nuestras vidas.

Sin embargo, muchas veces estamos dentro del «pez» de las circunstancias y nos ponemos a negociar con Dios. Imagínate lo que hubiera ocurrido si Jonás, en lugar de humillarse y pedir la ayuda de Dios, le hubiera dicho: «Señor, ¿qué van a pensar tus amistades israelitas si se dan cuenta que tú mismo metiste en "una ballena" a uno de tus profetas?».

Dios no necesita que lo ayuden a mantener ni recuperar su reputación. Él es Dios y Él puede optar por el uso de «ballenas» en la vida de sus hijos cada vez que nos desviemos del camino.

Algo más que he aprendido de Jonás es que muchas veces estamos tan centrados en nosotros mismos que se nos olvida que Dios es un Dios de amor que está interesado en llegar a un mundo que se pierde en oscuridad. Mientras le digamos a Dios: «¡Es mejor morir que vivir así!» (Jonás 4:8), mientras nos mantengamos airados y con actitudes egoístas, no lograremos ver el dolor y la necesidad de las personas... ¡mucho menos seremos capaces de entender el amor de Dios y su plan de usarnos para alcanzarlos!

Las «ballenas de Dios» vienen en diferentes formas y tamaños. Así que cuando estés dentro del estómago de una de ellas, recuerda que tal vez Dios te esté salvando mediante esa ballena, aunque quizá pienses que debido a tus errores merezcas estar allí.

> **Solo un corazón que al fin entiende que lo mejor que tenemos es el amor de Dios, puede admitir su imperfección.**

Como quiera, si vamos a ser sinceros en el caso de Jonás, la verdad era que el profeta no merecía la ballena, sino que se lo tragara el mar. En realidad, la ballena fue un acto de amor hacia Jonás que le protegió la vida.

A pesar de que esa ballena era un lugar oscuro, olía muy mal y daba miedo, mantuvo a Jonás como en una burbuja y le dio tiempo para humillarse delante de Dios. Creo que Jonás descubrió que Dios lo amaba también. Solo un corazón que al fin entiende que lo mejor que tenemos es el amor de Dios, puede admitir su imperfección.

De noche reflexiono sobre quién eres,
SEÑOR; por lo tanto, obedezco tus enseñanzas.
Así paso mis días:
obedeciendo tus mandamientos.
¡SEÑOR, eres mío!
¡Prometo obedecer tus palabras!

SALMO 119:55-57

Medítalo...

Recuerda que cuando los frutos de tus errores te lleven vivir atrapada en situaciones difíciles, humíllate delante de Dios y sé obediente.

Mis confesiones...

_____

_____

_____

_____

_____

_____

_____

"Todo lo que se supone
que debes hacer,
hazlo ahora.
Las condiciones
son siempre imposibles"

- Doris Lessing,
Premio Nobel de literatura 2007

Esto es lo que quiero hacer hoy:

_____

_____

_____

_____

20

DECIDÍ ACEPTAR EL RETO DE ESCUCHAR MI CORAZÓN

*Confieso que nunca me había imaginado que
dos niños rusos me llamarían «mami»*

La vida que hoy disfruto habría sido imposible, si no hubiese tenido la valentía de escuchar a mi corazón. Permíteme contarte de mis dos grandes amores. ¡No!, la verdad aprovecharé y te contaré de tres. En realidad te hablare de miles.

Durante el proceso de adopción de nuestros hijos, viajamos tres veces a Rusia. En nuestro primer viaje ya tuvimos la oportunidad de celebrarle su primer cumpleaños a Julia y David tenía casi dos añitos.

El día que conocí a mis hijos fue la experiencia más maravillosa que he tenido en la vida. Esos momentos, y todo el proceso, fueron intensos. El asunto es que cada niño trae todo un historial y te dicen muchas cosas. Te dicen que los niños pueden llegar a tener no sé cuántas enfermedades, que quizá no caminen o no hablen. En fin, fue muy estresante, pero yo sabía que Dios estaba de por medio y contábamos con la oración de toda nuestra familia, nuestra comunidad en internet y de nuestros amigos.

De esto hace ya varios años y puedo decir que valió la pena cada etapa que recorrí y cada minuto que esperé. Estos hijos han sido los que el Señor quiso que tuviera y me siento bendecida por ello. Cuando los mezo para dormir, me pregunto: ¿Qué haría María? No me tomen mal por la pregunta. Creo que solo ella podría respondernos bien la siguiente pregunta: ¿Qué debería hacer yo como madre si supiera que el hijo que está en mis brazos es un hijo de Dios?

[
**Como madre adoptiva, tomo a mis hijos con
la conciencia de que no son producto de mis
entrañas, sino que me los han puesto a mi
cuidado con un propósito especial.**
]

Como madre adoptiva, tomo a mis hijos con la conciencia de que no son producto de mis entrañas, sino que me los han puesto a mi cuidado con un propósito especial. Entonces, ¿qué pasaría si toda madre sintiera la responsabilidad que sintió María al ser madre de Jesús?

Por las noches, así le canto a mi hijo David, usando la melodía de una canción navideña que habla de la sorpresa de María al tener en sus brazos al Salvador del mundo:

Mami, ¿qué ibas tú a saber que tu hijo varón se llamaría David?

Mami, ¿qué ibas tú a saber que tu hijo varón vendría a ti de Rusia?

¿Qué ibas tú a saber que este pequeño varón sería tu mayor gozo y el precioso niño que hoy meces es un bello regalo de Dios?

¿Qué iba yo a saber?

Y, claro, esa misma canción la canto para Julia:

Mami, ¿qué ibas tú a saber que tu hija mujer se llamaría Julia?

Mami, ¿qué ibas tú a saber que tu hija mujer vendría a ti de Rusia?

¿Qué ibas tú a saber que esta pequeña niña sería tu mayor gozo y la bella nena que hoy meces es un precioso regalo de Dios?

¿Qué iba yo a saber?

A decir verdad, ¿qué iba yo a saber que del dolor podría nacer algo tan bello? ¿Qué iba yo a saber que Dios me regalaría más de lo que mi corazón se atrevía a pedir? En realidad, ¡qué gozo saber que me escogieron para ser la madre adoptiva de mis hijos y que el amor que llevo dentro hacia ellos viene directo del Señor! Y esto es lo que entiendo hoy, yo amo a mis hijos con el amor que procede de Dios. Más de una vez ha sido probado, es un amor sacrificial.

Tener una actitud positiva hacia la vida, me ha enseñado a buscar y darme lo que necesito para poder darme a los que me necesitan.

> ## ¿Que iba yo a saber que aprendería de Dios más como madre que como cualquier otra cosa?

¿Que iba yo a saber que aprendería de Dios más como madre que como cualquier otra cosa? ¿Qué iba yo a saber que mi mayor gozo me lo trajo Dios después de atravesar el valle oscuro de la infertilidad? ¿Qué iba yo a saber que entendería mejor Su amor por mí, en las situaciones que experimenté a lo largo del camino como madre y que una vez más me encontraría allí a defender el tesoro que Dios me entregó y esta vez aprender que la actitud positiva implica poder perdonar la peor de las faltas? Una mujer positiva aprende a vivir sin resentimientos, sin desearle el mal a los que le han hecho mal, pero lejos de ellos.

> ## Una mujer positiva aprende a vivir sin resentimientos, sin desearle el mal a los que le han hecho mal, pero lejos de ellos.

Esta actitud me ayuda desde ya a estar preparada para el día que mis hijos enfrenten su propio dolor, les diré: «perdónalos». Espero poder llevarlos a la cruz y que sea el mismo Jesús el que les diga a David y a Julia que ahora que tienen conciencia del dolor, dejen allí su pasado. Tengo mi esperanza en el amor infalible de Dios.

Allí en la cruz, Jesús le dijo a su amigo íntimo Juan que cuidara de su madre María, que no la dejara sola. Tuvimos la oportunidad de conocer la casa de María en Turquía donde, según la tradición, Juan llevó a María a vivir después de la muerte de Jesús.

También escribí mi petición a Dios en un papel y la coloqué de manera simbólica en el muro que los peregrinos a aquel lugar utilizan para presentar sus súplicas. Escribir para mí es abrir mi corazón y así lo hice allí.

En ese mismo viaje, también visité Georgioupolis, Creta donde encontré la pequeña capilla blanca en medio del mar, la cual se alcanza solo por una calzada de piedras, llamada Agios Nikolaos, camine con temor hasta llegar al lugar que se convirtió para mí como territorio de oración y refugio. Allí ore a Dios por dirección y me atreví a pedirle lo que mi corazón anhelaba.

Luego ya en casa, una mañana caminando a la orilla de la playa debido a que el mar estaba muy agitado, me dedique a conversar con Dios, le decía, yo sé que así como hiciste por mis hijos, que siempre has sido el Padre de ellos porque eres el padre del huérfano, así mismo, tu mi Dios eres mi esposo porque tú eres el esposo de la viuda. La separación y luego el divorcio, me hicieron ver mi sentimiento de abandono. Me sentía abandonada, despreciada, no valorada.

Veras, cuando un niño es huérfano, no es que no tenga padres biológicos. Hay muchos niños cuyos padres biológicos han muerto, pero tienen una abuela, una tía, un familiar que los acoge y los cría. Estos nunca pasaron por una institución que los marca como huérfanos. Igualmente, la mujer que queda sola, queda viuda.

"Señor, yo sé que tú eres mi esposo, y que si pudiese ser posible, tú me traerías un ramo de flores ahora mismo para mostrarme tu amor" – Le dije a Dios mientras caminaba. Mire al mar porque pensé, que podría pasar.

Para mi sorpresa, apareció en medio de la tormenta, una estrella de mar gigantesca que se acercaba en una gran ola a la orilla. Yo caminaba mientras que mi amigo me cuidaba caminando detrás de mí. Cuando vi la estrella, sabía que era el ramo de flores, el detalle de amor que le había pedido a Dios. Sin titubear, dije: "Víctor, mira, una estrella de mar" Víctor miro en dirección a donde yo señalaba y cuando él la vio, se lanzó al mar a recogerla. Todavía tengo en mi mente la gráfica de aquel hombre joven con una sonrisa en sus labios y una estrella de mar en sus manos caminando desde el mar hacia mí.

Cuando vi la estrella (la cual devolvimos al mar, para que no muriera) en mi corazón escuche a Dios recordarme: Yo soy el Padre del huérfano, y quiero amarlos por medio de ti. Yo soy el esposo de la viuda pero quiero amarte por medio de él. Así que, sonreí y acepte su regalo, su estrella.

Hoy Víctor es mi esposo, y Dios orquestó todo para regalarnos una boda en ese mar de privilegiada belleza en Miami Beach. Puedes ver las fotos y leer la historia en **www. vive360.org/amor**

Algún día escribiré la historia completa. Su amor me alcanzó, me transformó y me sostiene cada día. Además, su promesa es real para mis hijos también y para nosotros como pareja:

A todos los que se lamentan en Israel les dará una corona de belleza en lugar de cenizas, una gozosa bendición en lugar de luto, una festiva alabanza en lugar de desesperación. Ellos, en su justicia, serán como grandes robles que el Señor ha plantado para su propia gloria. Isaías 61:3

Si quieres leer extractos de la aventura redentora en el viaje de la adopción de Julia y David, busca mi libro Mitos y realidades de la adopción. **www.Vive360.org/adopcion**

Tú cambiaste mi duelo en alegre danza;
me quitaste la ropa de luto y me vestiste de alegría,
para que yo te cante alabanzas y no me quede callado.
Oh Señor, mi Dios, ¡por siempre te daré gracias!

SALMO 30:11-12

Medítalo...

Sométete a los plantes de Dios para lograr la felicidad que solo viene de Él y alcanzarás a muchos en el camino.

Mis confesiones...

_____

_____

_____

_____

TE INVITO A REFLEXIONAR
EN LO QUE HOY ENTIENDO
SOBRE EL AMOR

El Amor encuentra un motivo para invertir en el bienestar de otra persona, lo cual incluye el cuidado mutuo.

El Amor florece cuando logramos compartir emociones positivas con otro ser sin importar las circunstancias externas.

El amor tiene la capacidad de sincronizar nuestros comportamientos y actitudes de manera más positiva, porque, no hay nada más positivo que el verdadero amor.

Como le escribiera a mi esposo:
"En el espejo de tus ojos me quedo,
te miro y me encuentro.
Nuestras emociones se sincronizan
antes de darnos un beso,
reflejándome en ti mientras rejuvenezco."

- Rebeca Segebre

Epílogo

Invitación para Amar

He llegado a la conclusión que la presencia física es clave para el amor, Dios nos llama a visitar al huérfano y a la viuda, no solo a pensar en ellos o sentir afecto; el amor que hay dentro de nosotros va de abstracto a real con la conexión física. La conexión verdadera es uno de los prerrequisitos del amor. No podemos decir que amamos aquello que no visitamos, miramos o tocamos. El amor despierta de manera positiva los sentidos.

En mi experiencia humana, la cual incluye un episodio que fue catalogado por las autoridades y jueces de mi comunidad como violencia doméstica, experimenté la importancia de esta conexión. No juzgo a aquellos que por temor, ignorancia o cualquier otra imposibilidad se alejaron. Pero si recuerdo con mucha felicidad a las personas que me acompañaron. En un proceso que duraría más de un año, estuve delante de un juez unas 10 veces, y en una de esas veces, mi amiga Fayra Castro me acompañó. Otra muy buena amiga, Marie Griffin, estaba allí a mi lado. Otras amigas me llamaban por teléfono y me alentaban. Pero muchos que yo consideraba cercanos a mí, aun los que hacen trabajos dirigidos a ayudar personas en estas circunstancias, se alejaron.

Esto me dejo susceptible a la insensibilidad. Aprendí que la conexión requerida por el amor, no es una conexión abstracta, la verdadera conexión es física y se desarrolla en tiempo real. Requiere la presencia sensorial de ambos cuerpos.

El ingrediente esencial de una relación de intimidad es el factor tiempo. Estar presente en el tiempo propicio crea conexiones positivas.

La inseguridad y el temor son obstáculos para el amor. Cuando visites, conecta tus ojos, busca lo divino, encuéntrate a ti mismo en los ojos de ellos.

La persona positiva hace resonancia de su positividad con el amor, vive inspirada por amor y no gobernada por temor.

El amor es la emoción suprema que nos hace sentir plenamente vivos, plenamente humanos y al mismo tiempo nos recuerda que somos eternos. Como madre de dos niños que adopté en dos orfanatos en la ciudad de Moscú, sé que el amor es la experiencia emocional esencial para la prosperidad y la salud del ser humano.

En este libro he querido que analicemos la importancia que le damos a nuestras propias experiencias emocionales positivas. Es una invitación a que utilicemos los sentimientos positivos, como una brújula que te dirije ante una actividad o conexión humana. Utilizala como uno de los factores más importantes al elegir qué hacer.

Muchas veces actuamos en lo negativo y descartamos los sentimientos positivos como triviales o insignificantes al momento de actuar.

Yo te invito a que confiemos en lo que nuestra actitud positiva nos invita a realizar. Cuando aprendemos a priorizar el amor y otras emociones positivas, estaremos listas para despegar y volar a nuestros sueños.

El amor nos eleva a nuestro destino cada vez más rápido, porque elimina los desvíos que traen los combustibles negativos. Elimina las falsas esperanzas, las afirmaciones falsas y traza un rumbo hacia lo real.

Manejamos con el mejor combustible, uno que le da vida a nuestro motor, lo mantiene limpio y libre.

El verdadero amor expande nuestra visión, podemos entretejer un tapiz más colorido que abraza y le da vida a las conexiones de nuestro círculo, cada vez más grande, cada vez más abierto.

Entendiendo que Dios es amor y que me ama con un amor inagotable, por lo tanto, he decidido que...

Confesaré lo que Dios dice y afirma de mí.

Viviré alimentada de sus palabras.

Le pediré su corazón de amor para mi familia, para cada asunto en la vida, para vivir.

Usaré mi boca para bendecir a otros.

Hablaré como el que habla las mismas palabras de Dios.

Apéndice A

El plan divino

No quiero terminar sin antes decirte que Dios me pidió que escribiera mis experiencias con Él para que lleguen a ser ejemplo, motivación y ayuda para las mujeres que las leen. En este libro, no solo te doy una opinión más sobre la vida, sino que te ofrezco las historias de mis vivencias con Dios a la luz de la revelación de su Palabra.

Es importante decirte también que aquí te abrí mi corazón y confesé las malas actitudes y errores que me impedía avanzar hacia lo que Dios tenía para mí.

TODOS HEMOS SIDO CREADOS CON UN PLAN DIVINO

He entendido que Dios tiene un plan divino para mi vida y que necesito tener una actitud positiva para encontrarlo y alinearme al mismo.

Definitivamente, he entendido que la peor consecuencia de las actitudes negativas es atrasar el plan divino en mi vida. Te invito a que abras tu corazón y mente para comenzar tu transformación. Hazlo con fe y esperando un cambio maravilloso en tu vida.

La mayoría de las personas llegan a un punto de sus vidas en las que se sienten abrumadas con el día a día. Ahora te invito a que te hagas tú estas preguntas:

¿Te gustaría crear fácilmente UN proceso personalizado que te ayude a planificar la vida de una manera organizada y con sentido?

¿Cada vez que escuchas que es importante ir detrás de tus sueños, tú sabes que fuiste creado para mucho más, pero no sabes cómo comenzar?

¿Quisieras tener un plan completo, una guía paso a paso que te ayude a diseñar esa vida maravillosa y plena que tanto deseas?
¿Te sientes así? … he creado un programa para ti.

Es un programa de 21 días de Inspiración y Reflexión al cual he titulado "El Plan Divino"

Este programa puede ser utilizado por:
Emprendedores, Dueños de Negocios y Ejecutivos
Estudiantes, Líderes de Grupo, Escritores
Madres y Padres de Familia
Todo aquel que desee cambiar positivamente el rumbo a su vida.

Estos son los beneficios que lograrás con el programa el Plan Divino, "21 Días de Inspiración y Reflexión":

Verás lo fácil que es crear un plan completo y Transformar tu vida de adentro hacia afuera.

Cada vez que escuches estos audios tendrás la sensación de tenerme a mí como tu mentor Virtual acompañándote paso a paso, para Trabajar de manera práctica en tus sueños y llevándolos de visión a pasos específicos de acción.

Descubrirás "La Sal de tu Vida", un método inédito y "oculto" hasta ahora, revelado poco a poco en la secuencia de los audios que te guiarán a Trascender dejando un legado para tu familia y la humanidad.

Quiéres saber cómo funciona, visita:
www.ElPlanDivino.com

Apéndice B

Mi lista de confesiones y afirmaciones divinas

La siguiente lista son confesiones generales que considero dignas de que ocupen nuestra boca. Son buenas para recordarlas a diario porque nos muestran lo que declara la Palabra de Dios sobre nosotras y nuestras vidas.

1. Dios me ama con un amor inagotable, por eso mi alma confía en el Señor y en su gran amor.

2. Amo a mi familia y al mundo que me rodea con el amor que procede de Dios.

3. Dios me escucha y también me habla. Como conozco su voz cuando me habla, le obedezco.

4. Dios me protege y me rodea con su favor y su escudo de amor.

5. Prosperaré en los proyectos que emprendan mis manos porque Dios es el que me guía en todo.

6. Perdono a mis semejantes porque Dios me ha perdonado.

7. Dios no está enojado conmigo, pues soy su hija; Él no solo me ama, sino que también me celebra.

8. Tengo cuidado de mi cuerpo porque es templo del Espíritu Santo y el instrumento de Dios para bendecir a muchos.

9. Soy una mujer hermosa y auténtica, además de ser capaz y virtuosa.

10. Trabajo todo lo que hago usando creatividad y excelencia porque el Espíritu de Dios me capacita.

11. El buen juicio, y no el temor, determina qué cosas les digo a los demás.

12. Llevo todo asunto a Dios en oración porque Él se interesa y me ayuda.

13. Soy una mujer bondadosa en todo incluyendo mis palabras.

14. Puedo dar porque Dios me ha dado mucho y, por lo tanto, tengo mucho para poder compartir con otros.

15. La ansiedad y el temor no tienen lugar en mí porque el amor de Dios es supremo en mi vida.

16. He recibido de Jesús una vida plena y abundante.

17. Dios corona de éxitos mis esfuerzos porque en todo lo que hago busco siempre su dirección y le permito que Él me guíe.

18. Las dificultades en la vida no me dejan abrumada, pues le entrego mis cargas a Dios.

19. La paz del Señor fortalece y bendice mi vida.

20. Confío en el cuidado de Dios sin importar las circunstancias, porque creo en sus promesas. Por lo tanto, permanezco en perfecta paz.

Para más información visita: Vive360.org/colorear

ACERCA DE LA AUTORA

Rebeca Segebre es ingeniera de sistemas, graduada en teología y prolífica escritora. Se hizo conocida como autora de éxitos de librería, con su best seller "Confesiones de una mujer desesperada" y sus populares reflexiones «Un minuto con Dios» transmitidas por radio y televisión en toda América Latina.

Rebeca es la presidenta de Güipil Press, una empresa que ayuda a las personas a escribir y publicar sus libros.

Al lado de su esposo, es cofundadora y directora de Vive 360 Media, Co. una organización que ayuda a compañías, escritores, celebridades y emprendedores a construir, lanzar con éxito sus proyectos y crecer sus negocios en internet.

Juntos producen el programa de radio «Vive 360 con Rebeca Segebre» el cual también es una plataforma de contenido de inspiración para la vida plena.

Además, es interesante destacar una serie de servicios que ella le ofrece a la comunidad. Por ejemplo, imparte seminarios y conferencias como: «El poder de la actitud positiva», «Los 7 hábitos de la vida plena», «Relaciones saludables», «El milagro de la adopción», etc.

En la actualidad, Rebeca vive cerca al mar, con su esposo y sus dos hijos.

Si deseas escribirle a la autora, o quieres mayor información acerca de sus seminarios y conferencias, puedes comunicarte a través de estas vías:

Correo electrónico: rebecasegebre@gmail.com
www.Vive360.org / www.GuipilPress.com

Mi Vida: Un Jardín

Un hermoso libro para meditar y poner en práctica. Con ejercicios diarios para sembrar una virtud que va ligada a tu transformación y cosechar felicidad.

La guía que necesitas en tu camino hacia una vida sana, feliz y fructífera.

Rebeca te invita a que cultives las virtudes que resultan en la felicidad, que te llevan a florecer, destruir la maleza y cosechar fruto en abundancia.

Disponible en:
www.MiVidaUnJardin.com